1 MONTH OF
FREE
READING

at

www.ForgottenBooks.com

By purchasing this book you are eligible for one month membership to ForgottenBooks.com, giving you unlimited access to our entire collection of over 1,000,000 titles via our web site and mobile apps.

To claim your free month visit:

www.forgottenbooks.com/free978005

ISBN 978-0-332-65038-8
PIBN 10978005

ESTADO DO PARANÁ

1905

Typ. da Penitenciaria do Estado — CURITYBA

1911

LEIS, DECRETOS E REGULAMENTOS

—⊪◇ DO ◇⊪—

ESTADO DO PARANÁ

1905

Typ. da Penitenciaria do Ahú—Coritiba.

ACTOS DO PODER LEGISLATIVO

Lei n. 567—de 28 de Fevereiro de 1905

O Congresso Legislativo do Estado do Paraná decretou e eu sancciono a lei seguinte:

Art. unico. Os alumnos da Escola Normal, inhabilitados ou reprovados na primeira época de exames ficam com o direito de repetir na segunda época os exames, em que forem prejudicados, uma vez que tenham a indispensavel frequencia durante o anno lectivo; revogadas as disposições em contrario.

O Secretario de Estado dos Negocios do Interior, Justiça e Instrucção Publica, a faça executar.

Palacio da Presidencia do Estado do Paraná, em 28 de Fevereiro de 1905, 17º da Republica.

VICENTE MACHADO DA SILVA LIMA.

Bento José Lamenha Lins.

Publicada na Secretaria de Estado dos Negocios do Interior, Justiça e Instrucção Publica, em 28 de Fevereiro de 1905.

O director—*João Alberto Munhoz.*

695

Lei n. 568—de 28 de Fevereiro de 1905

O Congresso Legislativo do Estado do Paraná decretou e eu sancciono a lei seguinte:

Art. 1º. A Pinacotheca do Paraná, instituição officialmente creada pelo regulamento de 25 de Março de 1886 e que pela lei n. 22, de 1º. de Junho de 1892, passou a ter existencia na Escola de Bellas Artes, volta, nos termos da lei que a creou, a installar-se no Muzeu do Estado.

Art. 2º. Revogam-se as disposições em contrario.

O Secretario de Estado dos Negocios do Interior, Justiça e Instrucção Publica, a faça executar.

Palacio da Presidencia do Estado do Paraná, em 28 de Fevereiro de 1905, 17º da Republica.

VICENTE MACHADO DA SILVA LIMA.

BENTO JOSÉ LAMENHA LINS.

Publicada na Secretaria de Estado dos Negocios do Interior, Justiça e Instrucção Publica, em 28 de Fevereiro de 1905.

O director--*João Alberto Munhoz.*

Lei n. 569—de 28 de Fevereiro de 1905

O Congresso Legislativo do Estado do Paraná decretou e eu sancciono a lei seguinte:

Art. 1º. A força publica do Estado para o exercicio financeiro de 1905-1906, constará:

§ 1º. Dos officiaes das differentes graduações dos quadros annexos á respectiva lei organica.

§ 2º. De 554 praças de pret distribuidas pelo batalhão de infantaria e esquadrão de cavallaria do Regimento de Segurança, proporcionalmente a seus quadros.

Art. 2º. Esta força que, em circumstancias extraordinarias poderá ser elevada ao dobro, ou mais, a criterio do governo, será preenchida pelo voluntariado sem premio.

§ unico. Esta disposição começará a ter vigor da data da promulgação desta lei.

Art. 3º. O tempo de serviço nas fileiras do Regimento de Segurança será de trez (3) annos, quer para os voluntarios, quer para os engajados e reengajados, continuando na vigencia desta lei a ser admittidos substitutos nas condições da legislação em vigor.

§ 1º. Os voluntarios terão soldo, etapa, fardamento, assistencia medica e pharmacia e os engajados e reengajados, além dessas vantagens, terão mais a gratificação de duzentos mil réis (200$000), paga em duas prestações iguaes, sendo a primeira quando tiver decorrido metade do tempo de serviço e a segunda á sua terminação.

§ 2º. As praças do Regimento de Segurança, que tiverem baixa, contando mais de nove (9) annos de effectivo serviço, terão direito a um (1) lote de terras medindo vinte e cinco (25) hectares em qualquer das colonias do Estado, á sua escolha e sem onus algum.

Art. 4º. Os valores da etapa das praças e da forragem para os animaes do Regimento de Segurança serão fixados pelo governo, semestralmente, e de accordo com os preços correntes dos generos.

Art. 5º. Revogam-se as disposições em contrario.

O Secretario de Estado dos Negocios do Interior, Justiça e Instrucção Publica, a faça executar.

Palacio da Presidencia do Estado do Paraná, em 28 de Fevereiro de 1905, 17º da Republica.

VICENTE MACHADO DA SILVA LIMA.

Bento José Lamenha Lins.

Publicada na Secretaria de Estado dos Negocios do Interior, Justiça e Instrucção Publica, em 28 de Fevereiro de 1905.

O director—*João Alberto Munhoz.*

Lei n. 570—de 1° de Março de 1905

O Congresso Legislativo do Estado do Paraná decretou e eu sancciono a lei seguinte:

Art. 1º. Fica o governo do Estado autorizado a abrir credito especial da importancia de trez contos quatrocentos e vinte nove mil seiscentos e quarenta e seis réis (3:429$646), para attender aos pagamentos a que teem direito por differenças de vencimentos os professores José Leite Bastos, d. Guilhermina da Luz Gomes e d. Margarida de Almeida Bittencourt.

Art. 2º. Revogam-se as disposições em contrario.

O Secretario de Estado dos Negocios do Interior, Justiça e Instrucção Publica, a faça executar.

Palacio da Presidencia do Estado do Paraná, em 1º de Março de 1905, 17º da Republica.

VICENTE MACHADO DA SILVA LIMA.

BENTO JOSÉ LAMENHA LINS.

Publicada na Secretaria de Estado dos Negocios do Interior, Justiça e Instrucção Publica, em 1º de Março de 1905.

O director--*João Alberto Munhoz.*

Lei n 571—de 3 de Março de 1905

O Congresso Legislativo do Estado do Paraná decretou e eu sancciono a lei seguinte:

Art. unico. Fica o poder executivo autorizado a abrir o credito supplementar de quatro contos e quinhentos mil réis (4:500$), sendo um conto e quinhentos mil réis (1:500$) á verba «Expediente», do § 4º, art. 3º, do orçamento em vigor, e trez contos de réis (3:000$) á verba «Eventuaes», § 12 do mesmo artigo; revogadas as disposições em contrario.

O Secretario de Estado dos Negocios do Interior, Justiça e Instrucção Publica, a faça executar.

Palacio da Presidencia do Estado do Paraná, em 3 de Março de 1905, 17º da Republica.

VICENTE MACHADO DA SILVA LIMA.

BENTO JOSÉ LAMENHA LINS.

Publicada na Secretaria de Estado dos Negocios do Interior, Justiça e Instrucção Publica, em 3 de Março de 1905.

O director—*João Alberto Munhoz.*

Lei n. 572—de 3 de Março de 1905

O Congresso Legislativo do Estado do Paraná decretou e eu sancciono a lei seguinte:

Art. 1º. Ficam approvados os decretos do governo do Estado, ns. 165 e 212, de 27 de Abril e 25 de Maio do anno passado, abrindo creditos supplementares de um conto e duzentos mil réis (1:200$000) e duzentos e vinte dois mil réis (222$000) ás verbas «Impressões de leis e Mobilia escolar», dos §§ 2º e 7º, art. 3º, do orçamento em vigor; ns. 244 e 376 de 25 de Junho e 3 de Novembro do mesmo anno, abrindo o credito extraordinario de oito contos e cento noventa mil réis (8:190$000) e dez contos de réis (10:000$000), aquelle para pagamento de diversos objectos fornecidos ao Superior Tribunal de Justiça, Repartição Central de Policia e tribunal do jury desta Capital, e este á rubrica—„Saude Publica„—e finalmente, o de n. 276, de 12 de Julho do referido anno, abrindo credito especial de oito contos de réis (8:000$000) para attender ao pagamento da gratificação arbitrada ao dr. João Baptista da Costa Carvalho Filho, nomeado para confeccionar o codigo do processo criminal do Estado.

Art. 2º. Revogam-se as disposições em contrario.

O Secretario de Estado dos Negocios do Interior, Justiça e Instrucção Publica, a faça executar.

Palacio da Presidencia do Estado Paraná, em 3 de de Março de 1905. 17º da Republica.

VICENTE MACHADO DA SILVA LIMA.

BENTO JOSÉ LAMENHA LINS.

Publicada na Secretaria de Estado dos Negocios do Interior, Justiça e Instrucção Publica, em 3 de Março de 1905.

O director—*João Alberto Munhoz.*

Lei n. 573 de 7 de Março de 1905

O Congresso Legislativo do Estado do Paraná decretou e eu sancciono a lei seguinte:

Art. 1º. Os deputados que forem eleitos para a legislatura de 1906 a 1907 vencerão o subsidio diario de vinte mil réis (20$000), tanto nas sessões ordinarias como nas extraordinarias.

Art. 2º. Aos deputados que residirem fóra da capital será abonada, a titulo de ajuda de custo, uma gratificação calculada á razão de dois mil réis (2$000) por kilometro.

Art. 3º. Revogam-se as disposições em contrario.

O Secretario de Estado dos Negocios do Interior, Justiça e Instrucção Publica, a faça cumprir.

Palacio da Presidencia do Estado do Paraná, em 7 de Março de 1905, 17º da Republica.

VICENTE MACHADO DA SILVA LIMA.

BENTO JOSÉ LAMENHA LINS.

Publicada na Secretaria de Estado dos Negocios do Interior, Justiça e Instrucção Publica, em 7 de Março de 1905.

O director—*João Alberto Munhoz.*

Lei n. 574—de 7 de Março de 1905

O Congresso Legislativo do Estado do Paraná decretou e eu sancciono a lei seguinte:

Art. unico. Fica concedido mais um anno de licença ao cidadão Antonio da Costa Ramos Flores, tabellião e escrivão do civel e orphãos da cidade de Antonina, para tratamento de sua saude onde lhe convier; revogadas as disposições em contrario.

O Secretario de Estado dos Negocios do Interior, Justiça e Instrucção Publica, a faça executar.

Palacio da Presidencia do Estado do Paraná, em 7 de Março de 1905, 17º da Republica.

VICENTE MACHADO DA SILVA LIMA.

BENTO JOSÉ LAMENHA LINS.

Publicada na Secretaria de Estado dos Negocios do Interior, Justiça e Instrucção Publica, em 7 de Março de 1905.

O director—*João Alberto Munhoz.*

Lei n. 575—de 7 de Março de 1905.

O Congresso Legislativo do Estado do Paraná decretou e eu sancciono a lei seguinte:

Art. 1º. Fica o poder executivo autorizado a abrir credito especial á verba «Eventuaes» da importancia de seiscentos e dezeseis mil réis (616$), para pagar ao professor publico aposentado Geniplo Pereira Ramos, pela differença resultante de accrescimo de ordenado a que tem direito até 30 de Junho do corrente anno.

Art. 2º. Revogam-se as disposições em contrario.

O Secretario de Estado dos Nogocios do Interior, Justiça e Instrucção Publica, a faça executar.

Palacio da Presidencia do Estado do Paraná, em 7 de Março de 1905, 17º da Republica.

VICENTE MACHADO DA SILVA LIMA.

BENTO JOSÉ LAMENHA LINS

Publicada na Secretaria de Estado dos Negocios do Interior, Justiça e Instrucção Publica, em 7 de Março de 1905.

O director—*João Alberto Munhoz.*

Lei n. 576—de 7 de Março de 1905

O Congresso Legislativo do Estado do Paraná decretou e eu sancciono a lei seguinte:

Art. 1º. Fica revogada a lei n. 282, de 2 de Agosto de 1898, e em vigor a lei n. 131, de 27 de Dezembro de 1894, com as alterações feitas em algumas disposições por lei posteriores, devendo para as eleições do Estado e dos Municipios prevalecer o alistamento que fôr organisado de accordo com a lei federal n. 1269, de 15 de Novembro de 1904.

Art. 2º. A eleição para deputados ao Congresso Legislativo do Estado se realisará dois mezes antes do dia designado para a installação da nova legislatura, alterado nesta parte o art. 13 da lei n. 131 de 27 de Dezembro de 1894.

Art. 3º. Si até essa data não estiver prompto o alistamento de que trata o art. 1º, a eleição da futura legislatura se fará pelo ultimo alistamento federal revisto.

Art. 4º. Revogam-se as disposições em contrario.

O Secretario de Estado dos Negocios do Interior, Justiça e Instrucção Publica, a faça executar.

Palacio da Presidencia do Estado do Paraná, em 7 de Março de 1905, 17º da Republica.

VICENTE MACHADO DA SILVA LIMA.

BENTO JOSÉ LAMENHA LINS.

Publicada na Secretaria de Estado dos Negocios do Interior, Justiça e Instrucção Publica, em 7 de Março de 1905.

O director—*João Alberto Munhoz.*

Lei n. 577—de 10 de Março de 1905

O Congresso Legislativo do Estado do Paraná decretou e eu sancciono a lei seguinte:

Art. 1º. Os juizes de direito, municipaes e districtaes do Estado darão, pelo menos, uma audiencia por semana, excepto os juizes de direito da Capital, que são obrigados a dar duas audiencias, mediante annuncio prévio por edital, no começo de cada anno judiciario.

§ 1º. As audiencias terão logar no edificio do «Forum», na Capital, e nas Camaras Municipaes ou edificios publicos, a isso destinados, e sómente no caso de não existirem nas comarcas e termos casas nessas condições, poderão realisar-se na residencia dos juizes, mas, nesta hypothese, mediante prévio annuncio publicado por edital, no qual será declarado o dia e hora em que deverão ter logar.

§ 2º Os juizes farão as suas audiencias, quanto aos feitos civis, em dias differentes daquelles que forem designados para os feitos criminaes, e quando, por affluencia de serviço ou por outro motivo extraordinario, as fizerem no mesmo dia, sempre o farão de modo que sejam separadas e distinctas uma das outras.

§ 3º. As audiencias serão sempre publicadas, a portas abertas, com assistencia de um escrivão pelo menos, do porteiro ou de um official de justiça, em dia e hora certa e invariaveis, salvo quando aquelle fôr feriado, caso em que a audiencia se fará no antecedente.

Art. 2º. Fóra dos dias designados para as audiencias, os juizes de direito e municipaes são obrigados a comparecer no edificio do «Forum», na Capital, e nos logares em que derem audiencias nas outras comarcas e termos e ahi permanecerem duas horas pelo menos, em cada dia, para attenderem ás solicitações das partes.

Art. 3º. Todos os escrivães, tabelliães, officiaes do registro civil e de hypothecas, partidores, contadores e distribuidores da Capital são obrigados, desde a publicação desta lei, a ter os seus cartorios no edificio do «Forum», em salas ou compartimentos que lhes forem designados préviamente pelo Governo do Estado, mediante indicação do juiz de direito da 1.ª vara.

§ unico. Estes serventuarios pagarão pela occupação destes aposentos um modico aluguel mensal, que será arbitrado pelo Governo do Estado, e o seu producto será exclusivamente applicado na conservação e asseio do edificio.

Art. 4º. Salvo caso de molestia ou licença, todos os serventuarios de justiça do fôro da Capital são obrigados a se conservar diariamente á frente de seus cartorios, durante as horas do expediente, das 10 da manhã ás 4 da tarde, para attenderem ás partes, sob as penas do art. 255, da lei n. 322, de 8 de Maio de 1905.

Art. 5º. Revogam-se as disposições em contrario.

O Secretario de Estado dos Negocios do Interior, Justiça e Instrucção Publica, a faça executar.

Palacio da Presidencia do Estado do Paraná, em 10 de Março de 1905, 17º da Republica.

VICENTE MACHADO DA SILVA LIMA.

BENTO JOSÉ LAMENHA LINS.

Publicada na Secretaria de Estado dos Negocios do Interior, Justiça e Instrucção Publica, em 10 de Março de 1905.

O director--*João Alberto Munhoz.*

Lei n. 578—de 10 de Março de 1905

O Congresso Legislativo do Estado do Paraná decretou e eu sancciono a lei seguinte :

Art. 1º. Fica o Poder Executivo autorizado a abrir o credito supplementar de vinte contos de réis (20:000$), á verba «Fardamento e calçado», § 6º, do art. 3º, do orçamento vigente, para attender ás despezas feitas e que se tornarem necessarias até o fim do actual exercicio.

Art. 2º. Revogam-se as disposições em contrario.

O Secretario de Estado dos Negocios do Interior, Justiça e Instrucção Publica, a faça executar.

Palacio da Presidencia do Estado do Paraná, em 10 de Março de 1905, 17º da Republica.

VICENTE MACHADO DA SILVA LIMA

BENTO JOSÉ LAMENHA LINS

Publicada na Secretaria de Estado dos Negocios do Interior, Justiça e Instrucção Publica, em 10 de Março de 1905.

O director--*João Alberto Munhoz.*

Lei n. 579—de 10 de Março de 1905

O Congresso Legislativo do Estado do Paraná decretou e eu sancciono a lei seguinte:

Art. 1º. Fica o poder executivo autorizado a prorogar, si julgar necessario, até o ultimo dia do mez de Março corrente, o praso para matricula no Gymnasio Paranense.

Art. 2º. Na segunda quinzena do mesmo mez de Março realisar-se-a o exame de admissão para matricula do curso do mesmo estabelecimento de Instrucção secundaria, observadas as formalidades do regulamento em vigor.

Art. 3º. Revogam-se as disposições em contrario.

O Secretario de Estado dos Negocios do Interior, Justiça e Instrucção Publica, a faça executar.

Palacio da Presidencia do Estado do Paraná, em 10 de Março de 1905, 17º da Republica.

VICENTE MACHADO DA SILVA LIMA.

BENTO JOSÉ LAMENHA LINS.

Publicada na Secretaria de Estado dos Negocios do Interior, Justiça e Instrucção Publica, em 10 de Março de 1905.

O director—*João Alberto Munhoz.*

Lei n. 580—de 10 de Março de 1905

O Congresso Legislativo do Estado do Paraná decretou e eu sancciono a lei seguinte:

Art. 1º. Fica approvado o contracto celebrado, em 25 de Junho de 1904, entre a Secretaria dos Negocios de Obras Publicas e Colonisação e o cidadão Lufrido José da Costa, para a construcção de uma ponte sobre o rio Tibagy, na villa de Conchas, e outros serviços no mesmo contracto especificados.

Art. 2º. Revogam-se as disposições em contrario.

O Secretario de Estado dos Negocios de Obras Publicas e Colonisação, a faça executar.

Palacio da Presidencia do Estado do Paraná, em 10 de Março de 1905, 17º da Republica.

VICENTE MACHADO DA SILVA LIMA.

JOAQUIM P. P. CHICHORRO JUNIOR.

Publicada na Secretaria de Estado dos Negocios de Obras Publicas e Colonisação, em 10 de Março de de 1905.

Luiz F. França

Lei n. 581—de 18 de Março de 1905

O Congresso Legislativo do Estado do Paraná decretou e eu sancciono a lei seguinte:

Art. 1º. A contar da data da presente lei ficam extinctos os actuaes commissariados de terras e dispensados os respectivos commissarios.

Art. 2º. E' concedido a esses ex-commissarios o praso de 3 mezes para conclusão dos autos relativos ás medições já iniciadas.

Art. 3º. Deverão ser immediatamente recolhidos á Secretaria de Obras Publicas e Colonisação todos os requerimentos e demais papeis existentes nos diversos commissariados e referentes ás terras cujas medições não foram iniciadas.

Art. 4º. Os occupantes de terras, que deixarem de requerer a legitimidade de suas posses ou revalidação das sesmarias nos prazos determinados em leis anteriores, poderão fazel-o até 31 de Dezembro do corrente anno, sob pena de commisso.

Art. 5º. O commisso a que se refere o art. antecedente importa, para os occupantes das terras, na perda, em favor do Estado, da parte dessas mesmas terras, que não estiver effectivamente cultivada e occupada.

Art. 6º. Findo o prazo do art. 4º, o governo, pelos meios que julgar convenientes, fará verificar, por municipios, quaes as terras que tiverem incorrido em commisso e as declarará devolutas.

§ unico. Os occupantes dessas terras terão preferencia para a sua compra, se as requererem dentro do prazo de 90 dias a contar da data da declaração de que trata este artigo.

Art. 7º. A Secretaria de Obras Publicas e Colonisação nomeará profissionaes para, servindo de commissarios *ad-hoc*, effectuarem as medições de que tratam os arts. 3º e 4º, e para as que forem requeridas a qualquer titulo, de accordo com as leis em vigor.

Art. 8º. Revogam-se as disposições em contrario.

O Secretario de Estado dos Negocios de Obras Publicas e Colonisação, a faça executar.

Palacio da Presidencia do Estado do Paraná, em 16 de Março de 1905, 17º da Republica.

VICENTE MACHADO DA SILVA LIMA.

JOAQUIM P. P. CHICHORRO JUNIOR.

Publicada na Secretaria de Estado dos Negocios de Obras Publicas e Colonisação, em 16 de Março de 1905.

Luiz F. França.

Lei n. 582—de 16 Março de 1905

O Congresso Legislativo do Estado do Paraná decretou e eu sancciono a lei seguinte:

Art. 1º. Fica reduzido a 4% *advolorem*, o imposto sobre café, de que trata a lei n. 540, de 19 de Março de 1904.

Art. 2º. Fica o poder executivo autorizado a expedir o respectivo regulamento, estabelecendo nelle o meio de organisação da pauta que será mensalmente fixada para a percepção do imposto.

Art. 3º. Revogam-se as disposições em contrario.

O Secretario de Estado dos Negocios de Finanças, Commercio e Industrias, assim a faça executar.

Palacio da Presidencia do Estado do Paraná, em 16 de Março de 1905, 17º da Republica.

VICENTE MACHADO DA SILVA LIMA.

JAVERT MADUREIRA.

Publicada na Secretaria de Estado dos Negocios de Finanças, Commercio e Industrias, em 16 de Março de 1905.

O director—*Alfredo Bittencourt.*

Lei n. 583—de 16 de Março de 1905

O Congresso Legislativo do Estado do Paraná decretou e eu sancciono a lei seguinte:

Art. 1º. Fica o poder executivo autorizado a pagar ao agente fiscal de Entre Rios, Francisco Pedro de Souza. a importancia de um conto e quatro centos e oitenta e quatro mil oito centos e sessenta e quatro réis, differença que de menos retirou da porcentagem que lhe competia no periodo decorrido de Abril de 1895 até Junho de 1903, abrindo para este fim o respectivo credito.

Art. 2º. Revogam-se as disposições em contrario.

O Secretario de Estado dos Negocios de Finanças, Commercio e Industrias, assim a faça executar.

Palacio da Presidencia do Estado do Paraná, em 16 de Março de 1905, 17º da Republica.

VICENTE MACHADO DA SILVA LIMA.

Javert Madureira.

Publicada na Secretaria de Estado dos Negocios de Finanças, Commercio e Industrias, em 16 de Março de 1905.

O director—*Alfredo Bittencourt.*

Lei n. 584—de 16 de Março de 1905

O Congresso Legislativo do Estado do Paraná decretou e eu sancciono a lei seguinte:

Art. 1º. Ficam reformadas, desde a data desta lei, as Secretarias de Estado dos Negocios de Finanças, Commercio e Industrias e do Interior, Justiça e Instrucção Publica, que terão o pessoal e vencimentos das tabellas annexas sob ns. 1 e 2.

Art. 2º. Fica o poder executivo autorizado a expedir os necessarios regulamentos e a fazer as nomeações, attendendo, quanto possivel, a conservação do pessoal que actualmente nellas serve.

Art. 3º. Revogam-se as disposições em contrario.

Tabella n. 1

Secretaria de Estado dos Negocios de Finanças, Commercio e Industrias.

1 secretario. . . . . . . 12:000$000

DIRECTORIA DE EXPEDIENTE E CONTABILIDADE

1 director . . . . 6:000$000   18:000$000

1ª SECÇÃO (EXPEDIENTE)

1 chefe de secção	4:200$000	
1 1º official.	3:600$000	
2 2ᵒˢ officiaes a 250$ . . .	6:000$000	13:800$000

2ª SECÇÃO (CONTABILIDADE)

1 chefe de secção	4:200$000	
1 1º official.	3:600$000	
2 2ᵒˢ officiaes a 250$ . . .	6:000$000	13:800$000

DIRECTORIA DO CONTENCIOSO

1 director procurador fiscal.	4:800$000	
1 1º official solicitador. . .	3:600$000	8:400$000

DIRECTORIA DO THESOURO

1 director thesoureiro. . .	7:200$000	
1 1º official.	3:600$000	
1 2º »	3:000$000	13:800$000
1 archivista (2º official) . .	3:000$000	
1 porteiro	1:560$000	
1 continuo	1:040$000	
1 servente correio	1:200$000	6:800$000

        74:600$000

Tabella n. 2

Secretaria de Estado dos Negocios do Interior, Justiça e Instrucção Publica.

1 secretario . . . . . .   12:000$000

DIRECTORIA

1 director . . . .   5:000$000

1ª SECÇÃO (INTERIOR E JUSTIÇA)

1 chefe de secção	4:200$000	
1 1º official.	3:600$000	
1 2º official.	3:000$000	10:800$000

2ª SECÇÃO (INSTRUCÇÃO PUBLICA)

1 chefe de secção	4:200$000	
1 1º official	3:600$000	
1 2º official	3:000$000	
1 archivista (2º official) . .	3:000$000	
1 porteiro	1:560$000	
1 continuo	1:040$000	
1 correio.	960$000	
1 servente	960$000	7:520$000
	Réis	46:120$000

Os Secretarios de Estado dos Negocios de Finanças, Commercio e Industrias e Interior, Justiça e Instrucção Publica, a façam executar.

Palacio da Presidencia do Estado do Paraná, em 16 de Março de 1905, 17º da Republica.

VICENTE MACHADO DA SILVA LIMA.

JAVERT MADUREIRA.

BENTO JOSÉ LAMENHA LINS.

Publicada na Secretaria de Estado dos Negocios do Interior, Justiça e Instrucção Publica, em 16 de Março de 1905.

O director—*João Alberto Munhoz.*

Lei n. 585—de 10 de Março de 1905

O Congresso Legislativo do Estado do Paraná decretou e eu sancciono a lei seguinte:

Art. 1º. A Secretaria de Estado dos Negocios de Obras Publicas e Colonisação fica, deste a data desta lei, reorganisada com duas directorias, sendo uma de Terras e Colonisação e outra de Obras e Viação, com uma secção annexa de fiscalisação, com o pessoal e vencimentos da tabella junta.

Art. 2º. Fica o governo autorizado a expedir o competente regulamento e abrir os creditos necessarios para o accrescimo de despeza.

Art. 3º. Revogam-se as disposições em çontrario.

TABELLA

do pessoal e vencimentos da Secretaria de Estado dos Negocios de Obras Publicas e Colonisação

Secretario de Estado . . . 12:000$000

DIRECTORIA DE TERRAS E COLONISAÇÃO

1 director . . . . 5:000$000

1ª SECÇÃO (TERRAS)

1 1º official.	4:320$000	
1 2º official.	3:120$000	7:440$000

2ª SECÇÃO (COLONISAÇÃO)

1 1º official.	4:320$000	
1 2º official.	3:120$000	7:440$000

DIRECTORIA DE OBRAS E VIAÇÃO

1 engenheiro director . . .	8:000$000	
1 engenheiro ajudante. . .	6:000$000	
1 2º official	3:120$000	17:120$000

1ª SECÇÃO (OBRAS)

1 auxiliar technico de 1ª classe	4:800$000	
1 auxiliar technico de 2ª classe	4:200$000	
1 desenhista	3:600$000	12:600$000

2ª SECÇÃO (VIAÇÃO)

1 auxiliar technico de 1ª classe	4:800$000	
1 auxiliar technico de 2ª classe	4:200$000	9:000$000
1 archivista . . . . . . :	3:120$000	
1 porteiro	1:560$000	
1 continuo	1:040$000	
1 servente	960$000	6:680$000

FISCALISAÇÃO

AGUA E EXGOTTOS DA CAPITAL

1 fiscal	10:000$000	
1 ajudante	6:000$000	
1 auxiliar	2:400$000	18:400$000

ILLUMINAÇÃO PUBLICA DA CAPITAL

1 fiscal	4:800$000	
1 auxiliar	1:800$000	6:600$000

102:280$000

O Secretario de Estado dos Negocios de Obras Publicas e Colonisação, a faça executar.

Palacio da Presidencia do Estado do Paraná, em 16 de Março de 1905, 17º da Republica.

VICENTE MACHADO DA SILVA LIMA.

JOAQUIM P. P. CHICHORRO JUNIOR.

Publicada na Secretaria de Estado dos Negocios de Obras Publicas e Colonisação, em 16 de Março de 1905.

O director—*Luiz F. França.*

Lei n. 586—de 18 de Março de 1905

O Congresso Legislativo do Estado do Paraná decretou e eu sancciono a lei seguinte:

Art. 1º. Fica creado o logar de carcereiro para a cadeia da cidade da Palmeira, com o vencimento annual de trezentos mil réis.

Art. 2º. Fica igualmente creado para a cadeia da cidade de Paranagua, o logar de carcereiro com o vencimento annual de seis centos mil réis.

Art. 3º. Revogam-se as disposições em contrario.

O Secretario de Estado dos Negocios do Interior, Justiça e Instrucção Publica, a faça executar.

Palacio da Presidencia do Estado do Paraná. em 18 de Março de 1905, 17º da Republica.

VICENTE MACHADO DA SILVA LIMA.

BENTO JOSÉ LAMENHA LINS.

Publicada na Secretaria de Estado dos Negocios do Interior, Justiça e Instrucção Publica, em 18 de Março de 1905.

O director—*João Alberto Munhoz.*

Lei n. 587—de 18 de Março de 1905

O Congresso Legislativo do Estado do Paraná decretou e eu sancciono a lei seguinte :

Art 1º. Fica creado nesta capital, desde já, um Instituto Commercial, no qual se ensinará um curso pratico de linguas, de escripturação mercantil, contabilidade, legislação e redacção commerciaes.

Art. 2º. Esse curso, que será completado em dois annos, constará das seguintes materias :—estudo pratico de francez, italiano, allemão e inglez, escripturação mercantil, contabilidade, redacção commercial e noções de legislação commercial.

Art. 3º. Para o ensino das materias de que trata o artigo anterior, haverá tres professores, sendo dois para o ensino das cadeiras de francez e italiano, de allemão e inglez e um para a cadeira de escripturação mercantil, contabilidade, redacção commercial e noções de legislação commercial, com o vencimento annual de dois contos e quatro centos mil réis (2:400$000), cada um, e que serão nomeados mediante concurso.

Art. 4º. Fica o Poder Executivo autorisado a nomear desde já, provisoriamente, pessoal de reconhecida competencia para preenchimento dessas cadeiras e a expedir o regulamento necessario para o funccionamento do Instituto, que poderá ser no edificio do Gymnasio ou onde mais conveniente o governo julgar.

Art. 5º. O professor da cadeira de escripturação mercantil, contabilidade, redacção commercial e noções de legislação commercial preencherá tambem as funcções de director do Instituto, com uma gratificação annual de seiscentos mil réis.

Art. 6º. Fica o governo autorizado a abrir os creditos necessarios para a execução desta lei.

Art. 7º. Revogam-se as disposições em contrario.

O Secretario de Estado dos Negocios do Interior, Justiça e Instrucção Publica, a faça executar.

Palacio da Presidencia do Estado do Paraná, em 20 de Março de 1905, 17º da Republica.

VICENTE MACHADO DA SILVA LIMA.

BENTO JOSÉ LAMENHA LINS.

Publicada na Secretaria de Estado dos Negocios do Interior, Justiça e Instrucção Publ.ca, em 20 de Março de 1905.

O director—*João Alberto Munhoz.*

Lei n. 588—de 20 de Março de 1905

O Congresso Legislativo do Estado do Paraná decretou e eu sancciono a lei seguinte:

Art. 1º. Fica creado na comarca de Paranaguá o officio de 2º tabellião do publico, judicial e notas e a elle annexa a escrivania de orphãos, ausentes e provedoria.

Art. 2º. Fica igualmente creado, no termo de S. João do Triumpho, o officio de 2º tabellião do publico, judicial e notas e a elle annexas as escrivanias de orphãos, ausentes e provedoria civel e commercial.

Art. 3º. O governo poderá fazer a primeira nomeação para o provimento desses officios independentemente de concurso.

Art. 4º. Revogam-se as disposições em contrario.

O Secretario de Estado dos Negocios do Interior, Justiça e Instrucção Publica, a faça executar.

Palacio da Presidencia do Estado do Paraná, em 20 de Março de 1905, 17º da Republica.

VICENTE MACHADO DA SILVA LIMA.

BENTO JOSÉ LAMENHA LINS.

Publicada na Secretaria de Estado dos Negocios do Interior, Justiça e Instrucção Publica, em 20 de Março de 1905.

O diréctor—*João Alberto Munhoz.*

Lei n. 5.89—de 20 de Março de 1905

O Congresso Legislativo do Estado do Paraná decretou e eu sancciono a lei seguinte :

Do Poder Executivo Municipal e outras providencias

Art. 1º. O poder executivo municipal é exercido pelo prefeito, que será nomeado pelo Presidente do Estado e conservado em quanto bem servir.

§ unico. Cessam desde já os mandatos de eleições aos actuaes prefeitos.

Art. 2º. Ao prefeito compete :

§ 1º. Sanccionar ou vetar, dentro do praso de dez dias, os decretos, resuluções ou posturas votadas pela Camara Municipal, fazel-as publicar e velar pela fiel execução das que entrarem em vigor.

§ 2º. Expedir instrucções, decretos e regulamentos para a boa e exacta execução das leis.

§ 3º. Fazer arrecadar as rendas municipaes de accordo com as leis vigentes e applicar as verbas consignadas no respectivo orçamento para os diversos serviços da administração.

§ 4º. Dirigir e fiscalisar todos os serviços municipaes, impor as multas convencionadas nos contractos e as que forem devidas por infracções de posturas, expedindo as ordens necessarias para a sua cobrança.

§ 5º. Nomear, suspender e demittir os empregados municipaes e conceder-lhes licença, com ou sem vencimentos, na forma das leis respectivas, exceptuados os da secretaria da Camara.

§ 6º. Apresentar á Camara, por occasião da abertura de cada sessão, uma mensagem, em que dará conta das mais notaveis occurrencias que se tiverem dado nos intervallos da sessões, indicando, ao mesmo tempo, as providencias legislativas reclamadas pelo serviço publico municipal.

§ 7º. Confeccionar a proposta do orçamento municipal.

§ 8º. Apresentar á Camara Municipal, trimestralmente,

o balanço da receita e despeza com as demonstrações necessarias e prestar contas annualmente de sua gestão.

§ 9º. Convocar extraordinariamente a Camara Municipal quando o bem do municipio o exigir.

§ 10º. Prestar informações, esclarecimentos e dados aos governos da União e do Estado, sempre que o exigirem.

§ 11º. Respeitar e fazer respeitar as leis da União e do Estado.

§ 12º. Firmar contractos e convenções, contrahir emprestimos e fazer outras operações de credito autorizadas pela Camara.

§ 13º. Mobilisar e distribuir a força publica municipal, conforme as exigencias da manutenção da ordem.

§ 14º. Promover o tombamento dos bens immoveis do municipio.

§ 15º. Representar o municipio em suas relações officiaes com o Estado e com os outros municipios.

§ 16º. Representar o municipio em juizo nas causas em que fôr autor ou réo, assistente ou opponente e na celebração dos contractos, podendo passar procuração em nome do municipio e constituir advogado.

§ 17º. Fazer aferir pelos padrões legaes, que as Camaras deverão ter, os pesos e medidas em uso nas casas de commercio, ou em quaesquer estabelecimentos publicos.

§ 18º. Zelar pela conservação dos bens, edificios, monumentos, mattas, bosques, jardins e outras propriedades municipaes.

§ 19º. Representar ao governo do Estado contra abusos que forem praticados por funccionarios estaduaes.

§ 20º. Decretar despezas e soccorros extraordinarios nos casos de epidemia ou calamidade publica, sujeitando seu acto á approvação da Camara em sua primeira reunião.

Art. 3º. O prefeito executará o direito de véto sobre qualquer deliberação da Camara, quando julgal-a inconstitucional, ou contraria aos interesses do municipio.

§ unico. O véto do prefeito será precedido de uma exposição succinta das razões que o motivaram.

Art. 4º. O véto opposto pelo prefeito, na forma do art. 3º, será submettido á deliberação da Camara, na mesma sessão, se ainda estiver aberta, ou na sua primeira reunião, em uma só discussão e votação nominal, e só será rejeitado pelo voto dos dois terços, pelo menos, do numero total de seus membros.

Art. 5º. Quando o véto do prefeito recahir sobre a lei annual do orçamento, ficará em vigor o orçamento votado para o ultimo exercicio, até que desappareçam todos os effeitos do véto, ou seja confeccionado novo orçamento.

Art. 6º. Regeitado pela Camara o véto opposto a um projecto, voltará este ao prefeito que o promulgará, usando da seguinte formula:

«A Camara Municipal de....decretou e eu promulgo a seguinte lei».

Art. 7º. Não sendo a lei sanccionada pelo prefeito, no prazo estabelecido pelo § 1º do art. 2º, ou não tendo sido por elle promulgada, no caso previsto pelo art. anterior, o presidente da Camara a promulgará dentro de 48 horas contadas da expiração do referido prazo e usando da mesma formula anteriormente estabelecida.

Art. 8º. A sancção das leis municipaes será feita pela forma seguinte: «A Camara Municipal de....decretou e eu sancciono a seguinte lei».

Art. 9º. O prefeito perceberá os vencimentos marcados pelo Presidente do Estado, de accordo com a importancia e renda do respectivo municipio, nunca excedendo entretanto de 10% da referida renda effectivamente arrecadada no ultimo exercicio.

§ 1º. Esses vencimentos serão divididos em tres partes, sendo uma d'ellas considerada como gratificação e as outras duas como ordenado, para os effeitos do art. 13.

§ 2º. Os vencimentos do prefeito não estão sujeitos a descontos por força de quaesquer impostos, devendo entretanto o titulo de nomeação pagar o sello estabelecido no § 7º, n. 2, da tabella *A* do regulamento para arrecadação do respectivo imposto estadual.

Art. 10º. O prefeito, além da responsabilidade criminal em que possa incorrer, responderá civilmente por todo o damno causado ao municipio pela má gestão dos seus negocios.

Art. 11º. Das decisões do prefeito haverá recurso para a Camara, excepto no que disser respeito á nomeação e demissão dos empregados municipaes.

Art. 12º. No caso de impedimento momentaneo ou temporario, ou de vaga, o presidente da Camara exercerá as funcções de prefeito até que o Presidente do Estado nomeie substituto interino ou effectivo.

Art. 13º. O prefeito, quando licenciado por motivo de molestia comprovada com attestado medico, perceberá o ordenado que lhe competir na forma do art. 9º.

Art. 14º. As camaras municipaes celebrarão suas sessões ordinarias pelo menos uma vez por trimestre, pelo tempo que for determinado em seu regimento, e extraordinariamente quando convocadas pelo prefeito, e na primeira sessão annual elegerão por maioria de votos o seu presidente.

Art. 15º. Revogam-se as disposições em contrario.

O Secretario de Estado dos Negocios do Interior, Justiça e Instrucção Publica, a faça executar.

Palacio da Presidencia do Estado do Paraná, em 20 de Março de 1905, 17º da Republica.

VICENTE MACHADO DA SILVA LIMA.

BENTO JOSÉ LAMENHA LINS.

Publicada na Secretaria de Estado dos Negocios do Interior, Justiça e Instrucção Publica, em 20 de Março de 1905.

O director—*João Alberto Munhoz.*

Lei n. 590—de 22 de Março de 1905

O Congresso Legislativo do Estado do Paraná decretou e eu sancciono a lei seguinte:

Art. 1º. Fica o poder executivo autorizado a abrir um credito supplementar de trez contos setecentos e setenta e sete mil cento e doze réis (3:777$112) á verba «Pessoal inactivo», do § 10, art. 3º, do orçamento vigente.

Art. 2º. Revogam-se as disposições em contrario.

O Secretario de Estado dos Negocios do Interior, Justiça e Instrucção Publica, a faça executar.

Palacio da Presidencia do Estado do Paraná, em 22 de Março de 1905, 17º da Republica.

VICENTE MACHADO DA SILVA LIMA.

BENTO JOSÉ LAMENHA LINS.

Publicada na Secretaria de Estado dos Negocios do Interior, Justiça e Instrucção Publica, em 22 de Março de 1905.

O director—*João Alberto Munhoz.*

Lei n. 591—de 22 de Março de 1905

O Congresso Legislativo do Estado do Paraná decretou e eu sancciono a lei seguinte:

Art. 1º. Ficam approvados o art. 1º, do dec. n. 422 de 26 de Dezembro de 1904, expedido pelo poder executivo, e a tabella annexa ao mesmo decreto, estabelecendo a taxa sanitaria, organisada de accordo com a lei n. 506, de 2 de Abril de 1903.

Art. 2º. Revogam-se as disposições em contrario.

O Secretario de Estado dos Negocios de Finanças, Commercio e Industrias, a faça executar.

Palacio da Presidencia do Estado do Paraná, em 22 de Março de 1905, 17º da Republica.

VICENTE MACHADO DA SILVA LIMA.

JAVERT MADUREIRA.

Publicada na Secretaria de Estado dos Negocios de Finanças, Commercio e Industrias, em 22 de Março de 1905.

O director—*Alfredo Bittencourt.*

Lei n. 592—de 24 de Março de 1905

O Congresso Legislativo do Estado do Paraná decretou e eu sancciono a lei seguinte:

Art. 1º. As armas do Estado serão as mesmas até aqui adoptadas, sendo porém de côres verde e branca o plano do polygono estrellado e circumdado este por uma grinalda formada de dois ramos de matte e pinheiro, sendo de côr branca a irradiação que faz fundo ao escudo

Art. 2º. A bandeira será a até qui adoptada, consistindo n'um quadrilongo de côr verde, cortado transversalmente, de alto para baixo e do angulo direito superior para o opposto, por uma larga faxa, em arco, de côr branca, e occupando o centro desta faxa e da bandeira uma esphera azul contendo na zona equatorial e em sentido obliquo, na ordem descendente, uma faxa branca com a inscripção«Paraná».

No hemispherio inferior as cinco estrellas do cruzeiro do sul, e circumdando a esphera pelo hesmipherio inferior uma grinalda formada de dois ramos de pinho e matte.

Art. 3º. Revogam-se as disposições em contrario.

O Secretario de Estado dos Negocios do Interior, Justiça e Instrucção Publica, a faça executar.

Palacio da Presidencia do Estado do Paraná, em 24 de Março de 1905, 17º da Republica.

VICENTE MACHADO DA SILVA LIMA.

BENTO JOSÉ LAMENHA LINS.

Publicada na Secretaria de Estado dos Negocios do Interior, Justiça e Instrucção Publica, em 25 de Março de 1905.

O director—*João Alberto Munhoz.*

======

Lei n. 593—de 24 de Março de 1905

O Congresso Legislativo do Estado do Paraná, decretou e eu sancciono a lei seguinte:

Art. unico. Ficam concedidas ao dr. José Cezar de Almeida, juiz de direito da comarca de Palmas e ao dr. Casemiro dos Reis Gomes e Silva, juiz de direito da comarca do Serro Azul, licenças para tratamento de saude, onde lhes convier e com os respectivos ordenados, sendo ao primeiro por nove mezes e ao segundo por um anno; revogadas as disposições em contrario.

O Secretario de Estado dos Negocios do Interior, Justiça e Instrucção Publica, a faça executar.

Palacio da Presidencia do Estado do Paraná, em 24 de Março de 1905, 17º da Republica.

VICENTE MACHADO DA SILVA LIMA.

BENTO JOSÉ LAMENHA LINS.

Publicada na Secretaria de Estado dos Negocios do Interior, Justiça e Instrucção Publica, em 24 de Março do 1905.

O director--*João Alberto Munhoz.*

Lei n. 594—de 24 de Março de 1905

O Congresso Legislativo do Estado do Paraná decretou e eu sancciono a lei seguinte:

Art. 1º. Fica concedida ao dr. Reinaldo Machado, lente de historia natural do Gymnasio Paranaense e Escola Normal, um anno de licença com ordenado, para a gosar onde lhe convier.

Art. 2º. Revogam-se as disposições em contrario.

O Secretario de Estado dos Negocios do Interior, Justiça e Instrucção Publica, a faça executar.

Palacio da Presidencia do Estado do Paraná, em 24 de Março de 1905, 17º da Republica.

VICENTE MACHADO DA SILVA LIMA.

BENTO JOSÉ LAMENHA LINS.

Publicada na Secretaria de Estado dos Negocios do Interior, Justiça e Instrucção Publica, em 24 de Março de 1905.

O director--*João Alberto Munhoz.*

Lei n. 595—de 24 de Março de 1905

O Congresso Legislativo do Estado do Paraná decretou e eu sancciono a lei seguinte:

Art. 1º. E' concedida ao Instituto Becker, estabelecido na cidade de Guarapuava, uma subvenção annual de um conto e oitocentos mil réis (1:800$000).

Art. 2º. O Instituto referido no art. anterior será obrigado a ministrar instrucção gratuita a dez alumnos reconhecidamente pobres, a juizo do respectivo inspector escolar.

Art. 3º. O instituto Becker fica sujeito á fiscalisação do governo, de accordo com a legislação em vigor.

Art. 4º. Revogam-se as disposições em contrario.

O Secretario de Estado dos Negocios do Interior, Justiça e Instrucção Publica, a faça executar.

Palacio da Presidencia do Estado do Paraná, em 24 de Março de 1905, 17º da Republica.

VICENTE MACHADO DA SILVA LIMA.

BENTO JOSÉ LAMENHA LINS.

Publicada na Secretaria de Estado dos Negocios do Interior, Justiça e Instrucção Publica, em 24 de Março de 1905.

O director—*João Alberto Munhoz*

Lei n. 596—de 24 de Março de 1905

O Congresso Legislativo do Estado do Paraná decretou e eu sancciono a lei seguinte:

Art. 1º. Só podem exercer no Estado as funcções de representantes de casas commerciaes e de fabricas de fóra do mesmo, e como taes podendo offerecer mercadorias á venda e exhibir amostras, os individuos que tenham escriptorio commercial aqui estabelecido e que paguem o imposto de Industrias e Profissões, com a taxa addicional de um conto de réis annualmente.

§ unico. Identico imposto será cobrado dos commerciantes do Estado, que representem fabricas ou casas commerciaes de fóra do mesmo.

Art. 2º. A disposição do artigo anterior é tambem applicavel aos representantes ou agentes de companhias de seguros maritimos, de vida, e contra fogo, que não tiverem escriptorio estabelecido no Estado.

Art. 3º. Os contraventores das disposições do art. 1º pagarão a multa da importancia devida pelo triplo, em processo executivo, de accordo com a legislação fiscal do Estado.

Art. 4º. São responsaveis egualmente pelo imposto e multa de que tratam os artigos anteriores, no caso
de omissão dos respectivos representantes, as casas
commerciaes e fabricas aqui representadas.

Art. 5º. Fica o poder executivo autorisado a expedir o necessario regulamento para a execução desta lei.

Art. 6º. Revogam-se as disposições em contrario.

O Secretario de Estado dos Negocios de Finanças,
Commercio e Industrias, assim a faça executar.

Palacio da Presidencia do Estado do Paraná. em
24 de Março de 1905, 17º da Republica.

VICENTE MACHADO DA SILVA LIMA

JAVERT MADUREIRA

Publicada na Secretaria de Finanças, Commercio e
Industrias, em 24 de Março de 1905.

O director—*Alfredo Bittencourt*

———

Lei n. 597—de 27 de Março de 1905

O Coronel Luiz Antonio Xavier, Presidente do
Congresso Legislativo do Estado do Paraná.

Faço saber que o Congresso Legislativo do Estado decretou e eu promulgo a resolução seguinte:

Art. unico. Fica o poder executivo autorisado a
prorogar, por mais um anno, o praso do contracto celebrado entre a Secretaria de Obras Publicas e o coronel Antonio Leopoldo dos Santos, em virtude da lei n.
498, de 16 de Março de 1903 ; revogadas as disposições
em contrario.

Palacio do Congresso Legislativo do Estado do Paraná, em 27 de Março de 1905, 17º da Republica.

Luiz Antonio Xavier

Publicada na Secretaria de Estado dos Nogocios de
Obras Publicas e Colonisação, em 27 de Março de 1905.

Luiz F. França.

Lei n. 598—de 28 de Março de 1905

O Congresso Legislativo do Estado do Paraná decretou e eu sancciono a lei seguinte:

Art. 1º. Fica o poder executivo autorizado a abrir um credito supplementar á verba «Forragem e ferragem» do § 6º, art. 3º do orçamento vigente, da importancia de trinta e sete contos duzentos e oitenta e sete mil reis (37:287$000), para attender ao pagamento da alludida verba, correspondente ao segundo semestre do corrente exercicio.

O Secretario de Estado dos Negocios do Interior, Justiça e Instrucção Publica, a faça executar.

Palacio da Presidencia do Estado do Paraná, em 28 de Março de 1905, 17º da Republica.

VICENTE MACHADO DA SILVA LIMA.

Bento José' Lamenha Lins.

Publicada na Secretaria de Estado dos Negocios do Interior, Justiça e Instrucção Publica, em 28 de Março de 1905.

O director—*João Alberto Munhoz.*

Lei n. 599—de 28 de Março de 1905

O Congresso Legislativo do Estado do Paraná decretou e eu sancciono a lei seguinte:

Art. unico. Fica o poder executivo autorizado a considerar em commissão e fóra do exercicio de seu cargo o juiz de direito da comarca de Castro, bacharel João Baptista da Costa Carvalho Filho, sem prejuizo de seus ordenados e mais vantagens asseguradas por lei aos magistrados effectivos, para o fim de desempenhar-se do encargo que lhe foi commettido pelo mesmo poder executivo, de organisar o «Projecto do Codigo do Processo Criminal do Estado», e pelo tempo para isso necessario; revogadas as disposições em contrario.

O Secretario de Estado dos Negocios do Interior, Justiça e Instrucção Publica, a faça executar.

Palacio da Presidencia do Estado do Paraná, em 28 de Março de 1905, 17º da Republica.

VICENTE MACHADO DA SILVA LIMA.

BENTO JOSÉ LAMENHA LINS.

Publicada na Secretaria de Estado dos Negocios do Interior, Justiça e Instrucção Publica, em 28 de Março de 1905.

O director -*João Alberto Munhoz.*

Lei n. 600—de 28 de Março de 1905

O Congresso Legislativo do Estado do Paraná decretou e eu sancciono a lei seguinte:

Artigo unico. Fica concedido ao cidadão Marcolino Gregorio de Paula, escrivão do juizo districtal e official do registro civil da cidade de Ponta Grossa, um anno de licença para tratar de sua saude; revogadas as disposições em contrario.

O Secretario de Estado dos Negocios do Interior, Justiça e Instrucção Publica, a faça executar.

Palacio da Presidencia do Estado do Paraná, em 28 de Março de 1905, 17º da Republica.

VICENTE MACHADO DA SILVA LIMA.

BENTO JOSÉ LAMENHA LINS.

Publicada na Secretaria de Estado dos Negocios do Interior, Justiça e Instrucção Publica, em 28 de Março de 1905.

O director—*João Alberto Munhoz.*

Lei n. 601—de 28 de Março de 1905

O Congresso Legislativo do Estado do Paraná decretou e eu sancciono a lei seguinte:

Art. 1º. Fica concedida a João R. dos Santos, ou á sociedade que o mesmo organisar, isenção por seis annos, de impostos estaduaes, inclusive os de exportação, para os machinismos e material necessarios á montagem e funccionamento da fabrica ou fabricas que estabelecer no littoral, para conservas de peixes, fructas e doces de compotas, bem como para o preparo e acondicionamento de seus productos, ficando-lhe marcado o praso de um anno para o começo dos trabalhos.

Art. 2º. Revogam-se as disposições em contrario.

O Secretario de Estado dos Negocios de Finanças, Commercio e Industrias, assim a faça executar.

Palacio da Presidencia do Estado do Paraná, em 28 de Março de 1905, 17º da Republica.

VICENTE MACHADO DA SILVA LIMA.

Javert Madureira.

Publicada na Secretaria de Estado dos Negocios de Finanças, Commercio e Industrias, em 28 de Março de 1905.

O director—*Alfredo Bittencourt.*

Lei n. 602—de 1º de Abril de 1905

O Congresso Legislativo do Estado do Paraná decretou e eu sancciono a lei seguinte:

Art. unico. Fica o governo autorisado a abrir um credito especial da quantia de dezenove contos e quatrocentos mil réis (19:400$000), para pagamento a João Moreira do Couto, por desapropriação da ponte fluctuante de sua propriedade sobre o rio Tibagy, na villa de Conchas ; revogadas as disposições em contrario.

O Secretario de Estado dos Negocios de Obras Publicas e Colonisação, a faça executar.

Palacio da Presidencia do Estado do Paraná, em 1º. de Abril 1905, 17º da Republica.

VICENTE MACHADO DA SILVA LIMA

Joaquim P. P. Chichorro Junior.

Publicada na Secretaria de Estado dos Negocios de Obras Publicas e Colonisação, em 1º. de Abril de 1905.

. *Luiz F. França.*

Lei n. 603—de 6 de Abril de 1905

O Congresso Legislativo do Estado do Paraná decretou e eu sancciono a lei seguinte:

Art. unico. Fica o poder executivo autorisado a abrir um credito supplementar de vinte e quatro contos de réis (24:000$000), sendo dezoito contos de réis (18:000$000), á verba «Presos Pobres» do § 11, e seis contos de réis (6:000$000), á do § 2º., «Fretes e Passagens», ambas do art. 3º do orçamento vigente; revogadas as disposições em contrario.

O Secretario de Estado·dos Negocios do Interior, Justiça e Instrucção Publica, a faça executar.

Palacio da Presidencia do Estado do Paraná, em 6 de Abril de 1905, 17º da Republica.

VICENTE MACHADO DA SILVA LIMA.

Bento José Lamenha Lins.

Publicada na Secretaria de Estado dos Negocios do Interior, Justiça e Instrucção Publica, em 6 de Abril de 1905.

O director—*João Alberto Munhoz.*

Lei n. 604 de 6 Abril de 1905

O Congresso Legislativo do Estado do Paraná decretou e eu sancciono a lei seguinte:

Art. unico. Fica aberto o credito especial de seiscentos mil réis (600$000), para occorrer ás despezas, no actual exercicio, com a limpeza e conservação das casas escolares pertencentes á Camara Municipal da cidade de Paranaguá, e onde funccionam as escolas publicas do Estado; revogadas as disposições em contrario.

O Secretario de Estado dos Negocios do Interior, Justiça e Instrucção Publica, a faça executar.

Palacio da Presidencia do Estado do Paraná, em 6 de Abril de 1905, 17º da Republica.

VICENTE MACHADO DA SILVA LIMA

Bento José Lamenha Lins

Publicada na Secretaria de Estado dos Negocios do Interior, Justiça e Instrucção Publica, em 6 de Abril de 1905.

O director—*João Alberto Munhoz.*

Lei n. 605—de 6 de Abril de 1905

Art. unico. Fica concedido um anno de licença ao escrivão do Rio do Negro, Nestor Saboia, para tratar de seus interesses onde lhe convier; revogadas as disposições em contrario.

O Secretario de Estado dos Negocios do Interior, Justiça e Instrucção Publica, a faça executar.

Palacio da Presidencia do Estado do Paraná, em 6 de Abril de 1905, 17º da Republica.

VICENTE MACHADO DA SILVA LIMA.

Bento José Lamenha Lins.

Publicada na Secretaria de Estado dos Negocios do Interior, Justiça e Instrucção Publica, em 6 de Abril do 1905.

O director—*João Alberto Munhoz.*

Lei n. 606—de 6 de Abril de 1905

O Congresso Legislativo do Estado do Paraná, decretou e eu sancciono a lei seguinte:

Art. unico. E' concedido ao cidadão Manoel Antonio Ribeiro, escrivão districtal de S. Matheus, termo de S. João do Triumpho, uma licença de doze mezes para tratar de sua saude onde lhe convier; revogadas as disposições em contrario.

O Secretario de Estado dos Negocios do Interior, Justiça e Instrucção Publica, a faça executar.

Palacio da Presidencia do Estado do Paraná, em 6 de Abril de 1905, 17º da Republica.

VICENTE MACHADO DA SILVA LIMA.

BENTO JOSÉ LAMENHA LINS.

Publicada na Secretaria de Estado dos Negocios do Interior, Justiça e Instrucção Publica, em 6 de Abril de 1905.

O director—*João Alberto Munhoz.*

Lei n. 607—de 6 de Abril de 1905

O Congresso Legislativo do Estado do Paraná decretou e eu sancciono a lei seguinte:

Art. unico. Fica concedida á D. Guilhermina Lisboa da Costa Gomes um anno de licença, com ordenado, para tratar de sua saude onde lhe convier; revogadas as disposições em contrario.

O Secretario de Estado dos Negocios do Interior, Justiça e Instrucção Publica, a faça executar.

Palacio da Presidencia do Estado do Paraná, em 6 de Abril de 1905, 17º da Republica.

VICENTE MACHADO DA SILVA LIMA.

BENTO JOSÉ LAMENHA LINS.

Publicada na Secretaria de Estado dos Negocios do Interior, Justiça e Instrucção Publica, em 6 de Abril de 1905.

O director—*João Alberto Munhoz.*

Lei n. 608—de 6 de Abril de 1905

O Congresso Legislativo do Estado do Paraná decretou e eu sancciono a lei seguinte:

Art. 1º. Fica prorogado por um anno, a contar da data da presente lei, o praso estabelecido pela alinea *A*, do § 2º, do art. 1º, da lei n. 479, de 4 de Abril de 1902, para serem iniciados os serviços definitivos de exploração de mineraes existentes em terrenos devolutos no municipio do Rio Negro pelo concessionario engenheiro Jorge Eisemback.

Art. 2º. Fica igualmente prorogado por 5 annos, a contar da data da presente lei, o prazo estabelecido pela alinea *B*, do § 2º, art. 1º, da referida lei.

Art. 3º. Revogam-se as disposições em contrario.

O Secretario de Estado dos Negocios de Obras Publicas e Colonisação, a faça executar.

Palacio da Presidencia do Estado do Paraná, em 6 de Abril de 1905, 17º da Republica.

VICENTE MÁCHADO DA SILVA LIMA.

FRANCISCO GUTIERREZ BELTRÃO.

Publicada na Secretaria de Estado dos Negocios de Obras Publicas e Colonisação, em 6 de Abril de 1905.

Luiz F. França.

Lei n. 609—de 6 de Abril de 1905.

O Congresso Legislativo do Estado do Paraná decretou e eu sancciono a lei seguinte :

Art. 1º. E' concedido ao cidadão Augusto Hauer, ou á empreza que o mesmo organisar, privilegio para construcção, uso e goso de uma estrada de ferro de um metro de bitola que, partindo de Ponta Grossa, ou de qualquer outra estação ou ponto em sua proximidade e seguindo na zona comprehendida entre os rios Ivahy e Tibagy, vá terminar na «Ponta da Fortaleza», ou em ponto mais conveniente da margem do rio Paranapanema.

Art. 2º. O Estado fará ao concessionario os seguintes favores :

a) cessão gratuita de uma faxa de terras de 18 kilometros para cada lado do eixo da estrada e em iguaes condições as terras que, dentro da zona a que se refere o artigo anterior, sejam adjudicadas em substituição ás que naquella faxa forem de dominio particular;

b) isenção de impostos estaduaes sobre o material destinado á construcção da linha ferrea e suas dependencias;

c) isenção durante 20 annos de quaesquer impostos sobre as terras de concessão.

Art. 3º. Ficam estabelecidas as seguintes obrigações para o concessionario;

a) assignar na Secretaria de Obras Publicas e Colonisação, dentro de 3 mezes da data desta lei, o contracto ahi formulado para boa execução desta concessão;

b) submetter á approvação do governo os estudos definitivos, dentro de 4 annos, a contar da data da assignatura do contracto;

c) dar começo aos trabalhos de construcção no praso de 2 annos, a contar da data da approvação desses estudos.

Art. 4º. A medição das terras a que se refere o art. 2º. será feita por conta do concessionario e de accordo com as leis vigentes.

Art. 5º. Findo o praso da concessão que será·de noventa annos (90) será transferida para o Estado e sem onus algum para este, a posse da estrada com todo o seu material fixo e rodante.

Art. 6º. No contracto que se firmar, o governo estabelecerá todas as condições sobre fiscalisação, caducidade, modo de concessão das terras e as que julgar convenientes para garantia dos interesses do Estado.

Art. 7º. Para os ramaes incluidos nos estudos apresentados ao governo e por este julgados de utilidade prevalecerão as condições estabelecidas para a linha principal.

Art. 8º. Revogam-se as disposições em contrario.

O Secretario de Estado dos Negocios de Obras Publicas e Colonisação, a faça executar.

Palacio da Presidencia do Estado do Paraná, em 6 de Abril de 1905, 17º. da Republica.

VICENTE MACHADO DA SILVA LIMA.

Francisco Gutierez Beltrão.

Publicada na Secretaria de Estado dos Negocios de Obras Publicas e Colonisação, em 6 de Abril de 1905.

Luiz F. França.

Lei n. 610—de 6 de Abril de 1905

O Congresso Legislativo do Estado do Paraná decretou e eu sancciono a lei seguinte:

Art. 1º. Fica o poder executivo autorisado a conceder a titulo de compra e a dois mil e quinhentos réis (2$500) o hectare á cada um dos cidadãos Jorge Schimelpfeng e Cenion Bjerke, ou as emprezas que os mesmos organisarem, terras das existentes devolutas na comarca de Guarapuava.

§ 1º. Essas terras, limitando-se a oéste com o rio Paraná, serão medidas nos logares designados pelos concessionarios nas petições para obtenção dos titulos provisorios de compra e terão para o primeiro a area de cento e cincoenta a duzentos e cincoenta mil (150.000 a 250.000) e para o segundo de cem mil (100.000) hectares.

§ 2º. Os pagamentos dessas terras serão feitos do modo seguinte:

a) um terço da importancia total, dentro de dez mezes, contados da data da presente lei, sendo, nessa occasião, expedido o titulo provisorio ;

b) um terço a quatro mezes desta data ;

c) o restante a quatro mezes da segunda prestação.

Art. 2º. A desistencia da compra em qualquer tempo, por parte de cada um dos concessionarios, importa para esse a perda total das entradas effectuadas.

Art. 3º. Ficam cada um dos concessionarios obrigados a demarcar lotes e colonisar partes dessas terras e de formas que, findo o praso de oito annos a contar do titulo definitivo, esteja ahi fundada uma povoação e ligada esta por estrada a um ponto que será estabelecido no rio Paraná.

§ unico. Findo o praso de que trata este artigo, o concessionario constituirá na povoação e sem onus para o Estado, um edificio proprio para o funccionamento de escolas publicas.

Art. 4º. Relativamente á medição das terras e outras obrigações, serão observadas as leis em vigor, fi-

cando ainda o poder executivo autorisado a estabelecer os meios que julgar convenientes para cumprimento
do que preceitua o artigo anterior.

Art. 5º. Revogam-se as disposições em contrario.

O Secretario de Estado dos Negocios de Obras
Publicas e Colonisação, a faça executar.

Palacio da Presidencia do Estado do Paraná, em
6 de Abril de 1905, 17º da Republica.

VICENTE MACHADO DA SILVA LIMA.

Francisco Gutierrez Beltrão.

Publicada na Secretaria de Estado dos Negocios
de Obras Publicas e Colonisação, em 6 de Abril de 1905.

Luiz F. França.

Lei n. 611—de 6 de Abril de 1905

O Congresso Legislativo do Estado do Paraná decretou e eu sancciono a lei seguinte:

CAPITULO I

Receita

Art. 1º. A receita do Estado, para o exercicio financeiro de 1905-1906, é orçada em 6.762:633$755 com o producto do que fôr arrecadado dentro do mencionado exercicio, sob os paragraphos seguintes:

§	1º. Liquidos espirituosos	47:500$000
§	2º. Polvora e armas de fogo	5:500$000
§	3º. Arrematações judiciaes	8:000$000
§	4º. Imposto sobre animaes . . . }	80:000$000
§	5º. » » gado exportado . }	
§	6º. Industrias e profissões	188:000$000
§	7º. 1|2 º|0 sobre demandas	5:000$000
§	8º. Transmissão de propriedades . .	187:000$000
§	9º. Exportações diversas	47:000$000
§	10º. Gado para consumo	18:500$000
§	11º. Addicional 10º|0 sobre os impostos acima	58:650$000
§	12º. Taxa de barreiras.	76:000$000
§	13º. Sal para consumo	55:500$000
§	14º. Sello etc., (Inclusive vendas e legitimações de terras)	230:000$000
§	15º. Patente Commercial.	558:000$000
§	16º. Exportação de herva matte . . .	1.350:000$000
§	17º. Concessões e privilegios . , . .	1:000$000
§	18º. Sobre invernadas	1:500$000
§	19º. Divida activa . . . , . . .	80:000$000
§	20º. Divida colonial.	80:000$000
§	21º. Fretes e passagens	200:000$000
§	22º. Receita eventual	14:000$000
§	23º. Taxa escolar	10:000$000
§	24º. Imposto de propaganda	57:000$000
§	25º. Imposto predial	140:000$000
§	26º. Divida activa correspondente ao imposto predial	18:000$000
§	27º. 25º|0 sobre a taxa sanitaria . . .	70:000$000
§	28º. Loterias	54:500$000
§	29º. Quotas de fiscalisação	25:000$000
§	30º. Contracto Westermann.	3.096:983$755
		6.762:633$755

CAPITULO II

Despeza

Art. 2º. E' fixada na quantia de 6.762:633$755 a despeza a fazer-se no exercicio de 1905-1906, com os serviços pertencentes ás trez Secretarias de Estado.

Art. 3º. Fica o governo autorizado a despender a quantia de 1.820:119$633 com os serviços a cargo da Secretaria de Estado dos Negocios do Interior, Justiça e Instrucção Publica, de accordo com as dotações das seguintes rubricas:

§ 1º—PALACIO DO GOVERNO:

Subsidio ao presidente . .	24:000$000	
Representação.	6:000$000	
Gratificação ao official de gabinete.	4:800$000	
1 auxiliar	1:800$000	
1 porteiro	1:500$000	
2 continuos a 1:000$000 . .	2:000$000	
Expediente	2:000$000	
Decoração, luz, etc. . . .	3:000$000	45:100$000

§ 2º—SECRETARIA DO INTERIOR:

Secretario . . . .   12:000$000

Directoria

Director . . . .   5:000$000

1ª Secção (Interior e Justiça)

1 chefe de secção	4:200$000
1 1º official	3:600$000
1 2º »	3:000$000

2ª Secção (Instrucção Publica)

1 chefe de secção	4:200$000
1 1º official	3:600$000
1 2º »	3:000$000
1 archivista (2º official) . .	3:000$000
1 porteiro	1:560$000
1 continuo	1:040$000
1 correio	960$000
1 servente	960$000
Expediente	3:508$000
Publicação de actos officiaes.	6:000$000

Impressão de leis	3:000$000	
Despezas em telegrammas .	10:000$000	
Fretes e passagens. . . .	10:000$000	78:628$

§ 3º—Repartição de Policia:

Chefe de Policia.	8:640$000	
Secretario	4:800$000	
3 amanuenses a 2:400$000 .	7:200$000	
1 » externo . .	3:600$000	
Porteiro	1:360$000	
Servente.	720$000	
2 commissarios de policia da Capital	7:200$000	
Aluguel de casa	1:440$000	
Medico	6:000$000	
Gratificação ao auxiliar do serviço medico-legal . .	2:400$000	
Aluguel de casas para cadeias	1:200$000	
Carcereiros	2:800$000	
Expediente	2,000$000	
Diligencias policiaes . . ,	10:000$000	
1 photographo	600$000	

Escaler:

1 patrão	1:440$		
6 remeiros	7:200$		
Para reparos . . .	600$	9:240$000	69:200$

§ 4º—Congresso Legislativo:

Subsidio a 30 deputados. .	36:000$000	
Ajuda de custo	10:000$000	

Secretaria:

1 director	3:600$000	
1 official maior	2:400$000	
2 officiaes a 1:800$000. . .	3:600$000	
1 porteiro	1:000$000	
2 continuos a 600$000. . .	1:200$000	
1 correio.	600$000	
1 servente	480$000	
Expediente	1:000$000	
Stenographia	4:000$000	
Publicação dos debates . .	5:000$000	
Impressão de annaes . . .	4:000$000	
Redacção dos debates. . .	2:000$000	
Conservação do edificio e jardim	1:600$000	76:480$

§ 5º—Magistratura:

5 desembargadores a 9:600$	48:000$000	
1 procurador geral da justiça	9:600$000	
2 juizes de direito da Capital.	14:400$000	
14 juizes de direito, de outras comarcas	84:000$000	
8 juizes municipaes . . .	28:800$000	
14 promotores publicos . .	50:400$000	
1 promotor publico da Capital	4:800$000	
8 adjunctos de promotores.	9:600$000	
1 secretario do tribunal. ,	3:600$000	
1 escrivão do tribunal . .	1:200$000	
1 porteiro	1:360$000	
1 porteiro dos auditorios da Capital	1:360$000	
1 continuo do tribunal de justiça . . -	960$000	
Expediente	1:200$000	
Escrivães do crime. . . .	4:800$000	
Despezas com as sessões do jury	600$000	
Meias custas	5:000$000	
Publicação de accordãos e formação da Bibliotheca do Superior Tribunal de Justiça	1:000$000	270:680$000

§ 6º—Força Publica:

Estado-maior e officiaes . .	91:972$800	
Praças de pret	438:768$000	
Forragens e ferragens. . .	34:688$000	
Gratificação a voluntarios e engajados . . . . . : .	10:000$000	
Expediente e illuminação. .	2:400$000	
Fardamento e calçado. . .	60:000$000	637:828$800

§ 7º—Instrucção Publica:

1 director geral	6:000$000
1 secretario.	3:600$000
1 amanuense	1:560$000
1 porteiro e bedél	1:300$000
1 continuo . . . . , , .	936$000
2 serventes a 720$. , . .	1:440$000

Expediente . . . . 1:500$000
Lentes e professores . . . 47:000$000
Instrucção primaria . . . 360:000$000
Para mobilia escolar . . . 5:000$000
Bibliotheca publica . . . . 2:000$000
Inspector de alumnos . . . 2:400$000

Instituto de Castro:

1 director . . . 4:200$000
1 adjuncto . . . 1:200$000
Aluguel de casa . 600$000   6:000$000   438:736$000

§ 8º—Serviço Sanitario:

1 director geral . . . . . . 8:400$000
1 inspector sanitario . . . 6:000$000
1 secretario. . . . . . . 3:600$000
1 amanuense . . . . . . 1:800$000
1 almoxarife . . . . . . 1:500$000
1 porteiro e servente . . . 600$000
Expediente . . . . 400$000
Para desinfectantes. . . . 2:000$000
1 machinista . . . . . . 1:200$000   25:500$000

§ 9º—Auxilios e Subvenções:

Ao Muzeu Paranaense . . 2:400$000
A 2 filhos do coronel Can-
  dido Dulcidio Pereira . . 2:400$000
A João Zacco Paraná. . . 1:200$000
A' D. Benedicta Espinola e
  filhos . . . . 1:000$000
Ao capitão Francisco Perei-
  ra de Miranda . . . . 1:320$000
Ao director do Muzeu Para-
  naense . . . . 3:600$000
A' viuva e filhos do desem-
  bargador Francisco da
  Cunha Machado Beltrão. 4:800$000
A trez filhos de Francisco
  dos Santos Lima . . . 720$000
A' viuva de Laurindo José
  de Oliveira. . . . . . 360$000
A' viuva de Manoel Soares
  Gomes . . . . 360$000
A' viuva de Bento Ferreira
  da Luz . . . . 360$000

A' filha de Gabriel Bittencourt   360$000
A' Escola de Artes e In-
    dustrias . . . . .   4:800$000
Ao zelador dos reguladores
    publicos . . . . .   360$000
Ao Instituto Becker, de Gua-
    rapuava . . . . .   1:800$000
A' Camara Municipal de Pa-
    ranaguá . . . . .   600$000
A João Turim. . . . . .   1:200$000

As Casas de Misericordia:

Da Capital . . . .   18:000$000
De Paranaguá. . . . . .   8:400$000
De Antonina . . . . . .   5:000$000   59:040$000

§ 10⁰—PESSOAL INACTIVO:

3 desembargadores . . .   15:586$132
3 juizes de direito. . . .   3:372$415
2 lentes. . . . .   3:542$728
35 professores. . . . . .   39:295$039
6 chefes de secção . . .   9:008$856
1 official . . . .   387$720
1 promotor publico . . .   3:000$000
1 amanuense. . . . . .   1:218$592

Repartição de Policia:

1 secretario . . . . . .   3:021$859

Regimento de Segurança:

2 majores . . . .   2:292$000
1 capitão (reverteu á sua
    mulher e filhos) . . .   1:080$000
1 capitão . . . .   848$300
2 alferes . . . .   1:103$500
5 sargentos . . . . . .   2:017$692
1 soldado . . . .   152$000   85:926$833

§ 11⁰—PRESOS POBRES:

Com esta verba . . . . .   30:000$000

§ 12⁰—EVENTUAES:

Com esta verba . . . . .   3:000$000
                                  1.820:119$633

Art. 4º. Com os serviços a cargo da Secretaria de Finanças, Commercio e Industrias, fica o poder executivo autorisado a despender a quantia de 1.452:547$778, de accordo com as dotações seguintes:

§ 1º—SECRETARIA DE FINANÇAS:

Secretario . . . . 12:000$000

Directoria de Expediente e Contabilidade:

Director . . . . 6:000$000

1ª secção (Expediente)

Chefe de secção.	4:200$000	
1 1º official . .	3:600$000	
2 2ᵒˢ officiaes. .	6:000$000	13:800$000

2ª secção (Contabilidade)

Chefe de secção.	4:200$000	
1º official . . .	3:600$000	
2 2ᵒˢ officiaes. .	6:000$000	13:800$000

Directoria do Contencioso:

Director procurador fiscal . .	4:800$000	
1º official . . .	3:600$000	8:400$000

Directoria do Thezouro:

Director do thezouro. . . .	7:200$000	
1º official . . .	3:600$000	
2º » . . .	3:000$000	13:800$000
Archivista (2º official	3:000$000	
Porteiro	1:560$000	
Continuo.	1:040$000	
Servente e correio	1:200$000	
Expediente (inclusive limpeza de fossas)	12:192$000	
Fretes e passagens. . . .	2:000$000	
Publicação de actos officiaes	6:000$000	
Aluguel de casa para as agencias	8:220$000	
Despezas em telegrammas .	1:000$000	104:012$000

§ 2º—Arrecadação das Rendas:

Collectoria da Capital:

Collector . . .	4:800$000	
Escrivão . . .	3:600$000	
3 auxiliares . .	9:000$000	17:400$000

Collectoria de Antonina:

Collector . . .	4:800$000	
Escrivão . . .	3:600$000	
Servente . . .	720$000	9:120$000

Collectoria de Paranaguá:

Collector . . .	4:800$000	
Escrivão . . .	3:600$000	
Servente . . .	1:200$000	9:600$000

Fiscalisação Geral :

Em Paranaguá:

1 chefe	6:000$000	
4 auxiliares . .	12:000$000	
5 guardas . . .	9:000$000	
1 servente. . .	1:200$000	28:200$000

Em Antonina

1 chefe	6:000$000	
1 auxiliar . . .	3:000$000	
5 guardas . . .	9:000$000	18:000$000

Agencia do Passo do Bormann:

Agente	3:600$000	
Auxiliar. . . .	3:000$000	6:600$000

Agencia de Castro

Agente.	3:600$000

Agencia de Ponta Grossa:

Agente.	3:600$000

Agencia do Rio Negro:

Agente.	3:000$000

Agencia do Jacarézinho:

Agente . . . . 3:000$000

Barreira do Itararé:

Administrador . . 3:600$000
1 guarda . . . . . 720$000   4:320$000

Barreira do Passo do Allemão:

Administrador. . . . . . . 2:400$000

Barreira do Passo dos Leites:

Administrador . . . . . . 2:000$000

Barreira do Passo dos Indios:

Administrador (Gratificação) . . 720$000

Barreira do Passo do Ildefonso:

Idem, idem. . . . . 1:200$000

Barreira do Sumidouro:

Administrador . . . . . . 1:800$000

Balsa do Porto da União da Victoria:

Ao balseiro. . . . . 500$000

Fiscalisação das Barreiras ao Norte do Estado:

Fiscal geral. . . 2:800$000
Auxiliar . . . . 1:800$000   4:600$000

Commissão Fiscal da Foz do Iguassú:

Expediente . . . . 4:560$000

Commissão Fiscal do Barracão:

1 chefe . . . . 2:400$000
2 guardas a 1:800$ 3:600$000
Para camaradas 1:800$000   7:800$000

Porcentagem aos Agentes

30 % sobre a arrecadação, não excedendo de
    250$000 mensalmente, ou de 3:000$000
annuaes . . . . 48:800$000

Porcentagem aos emprega-
dos da Collectoria da Ca-
pital, em virtude do art.
1º das Disposições Perma-
nentes da lei n. 566, de 8
de Abril de 1904. . . . 10:210$000   191:030$000

§ 3º—Junta Commercial:

Auxilio á Junta . . . .   1:280$000
Secretario. . . . . . .   3:600$000
Official . . . .   2:340$000
Porteiro. . . . .   1:560$000
Continuo . . . .   960$000   9:740$000

§ 4º—Pessoal Inactivo:

1 contador. . . . .   2:400$000
3 1ᵒˢ escripturarios . . .   3:742$678
1 administrador de barreira   843$000
3 collectores. . . . . .   4:063$492
1 chefe de secção. . . .   1:596$000
2 officiaes. . . . . . .   4:080$000
1 porteiro. . . . .   843$088   17:568$258

§ 5º—Divida Fundada:

Banco U. de S. Paulo.

Juros para 31 de Dezembro
de 1905. . . . . . .   19:928$827
Amortisação e juros para 30
de Junho de 1906. . .   48:468$693

Agua e exgottos:

Prestação proporcional. . 311:100$000

Emprestimo interno:

Resgaste e juros de apolices 699:700$000 1.079:197$520

§ 6º—Auxilios e Subvenções:

A' agricultura e industria . . . .   5:000$000
A' sociedade Jocky Club Paranaense para
os fins do art. 19 das disposições da
lei n. 433, de 3 de Março de 1902. . .   3:000$000

§ 7º—Exercicios Findos:

Com esta verba . . . . 20:000$000

§ 8º—Eventuaes:

Com esta verba . . . , ... 20:000$000

§ 9º—Restituição de dinheiros de orphãos:

Com esta verba . . . . 15:000$000

§ 10—Seguro dos proprios do Estado:

Com esta verba . . . . 6:000$000

1.452:547$778

Art. 5º. Fica o poder executivo autorisado a despender com os serviços a cargo da Secretaria de Obras Publicas e Colonisação, a quantia de 3.489:966$344, pela fórma constante das seguintes rubricas:

§ 1º—Secretaria de Obras Publicas:

Secretario . . . . 12:000$000

Directoria de Terras e Colonisação.

1 director . . . . 5:000$000

1ª secção (terras):

1 1º official . . 4:320$000
1 2º » . . . 3:120$000   7:440$000

2ª secção :(colonisação)

1 1º official . . 4:320$000
1 2º . . . . . 3:120$000   7:440$000

Directoria de Obras e Viação.

1 engenh. director 8:000$000
1 „ ajudante 6:000$000
1 2º official . . 3:120$000   17:120$000

1ª secção (Obras):

1 auxiliar technico
1 de 1ª classe 4:800$000
« 2ª « 4:200$000
1 desenhista . 3:600$000   12:600$000

2ª secção (viação):

1 auxiliar technico
   de 1ª classe .   4:800$000
1 » 2ª »   4:200$000
1 archivista . . 3:120$000
Porteiro . . . 1:560$000
Continuo . . . 1:040$000
Servente . . . . 960$000   15:680$000

FISCALISAÇÃO!   77:280$000

Agua e esgotos da Capital.

1 fiscal . . . 10:000$000
1 ajudante . . . 6:000$000
1 auxiliar . . . 2:400$000   18:400$000

ILLUMINAÇÃO PUBLICA DA CAPITAL:

1 fiscal . . . . 4:800$000
1 auxiliar . . . 1:800$000   6:600$000

Expediente. . . 2:500$000
Fretes e passagens 1:000$000
Despezas em teleg. 500$000
Publicação de actos
   officiaes . . . 6:000$000 10:000$000   112:280$000

§ 2º--CATECHESE:

Com esta verba . . . . 1:000$000

§ 3º—OBRAS PUBLICAS EM GERAL:

Inclusive contracto Westermann . . . 3:288:286$344

§ 4º—EVENTUAES:

Com esta verba . . . . 1:000$000

§ 5º—ILLUMINAÇÃO DA CAPITAL:

Com esta verba . . . . 72:200$000

§ 6º. AUXILIOS E SUBVENÇÕES:
   Para o serviço de diligencias : ·
De Pirahy a Jaguariahyva . 1:600$000
De P. Grossa a Guarapuava . 9:000$000
De União da Victoria a Palmas 3:600$000   14:200$000

                               3:489:966$344

RESUMO

Secretaria do Interior	1.820:119$633
Secretaria de Finanças	1.452:547$778
Secretaria de Obras Publicas	3:489:966$344
	Rs. 6.762:633$755

CAPITULO III

Disposições Permanentes

Art. 1º. Fica o poder executivo autorisado a reformar desde a data desta lei, o regulamento para a percepção do imposto denominado de «Patente Commercial» e que recahe sobre as mercadorias destinadas ao consumo, podendo para isso:

a) alterar as tarifas estabelecidas nas tabellas que acompanharam o dec. n. 12 de 18 de Junho de 1896 e mais actos complementares a que as mesmas se refiram;

b) a estabelecer a cobrança das taxas devidas por mercadorias procedentes de fóra do Estado, ou pelos collectores e agentes respectivos, nos municipios em que forem entregues ao consumo, a vista de aviso ou certidão fornecida pela Estrada de Ferro e pelo peso ahi designado; ou caso prefiram os contribuintes, nas estações de destino ou nas agencias ou estações, do littoral; ou ainda, caso aconselhem interesses da arrecadação, por classificação das casas commerciaes estabelecidas, as classes de accordo com a importancia e movimento dos respectivos estabelecimentos;

c). a cobrar igualmente e pelo modo que julgar mais conveniente as taxas devidas por mercadorias de producção do Estado, pelos collectores e agentes, nos municipios onde forem dadas em consumo;

d) a fazer, em summa, tudo que julgar necessario para a boa percepção do imposto, attendendo sempre as disposições da lei federal n. 1185, de 11 de Junho de 1904 e as do regulamento n. 5402, de 23 de Dezembro do mesmo anno, que estiverem de accordo com a mesma lei.

Art. 2º. Fica· igualmente o governo autorisado:

a) a promover pelo meio que julgar conveniente a propaganda da herva-matte nos mercados europeos e nos dos Estados Unidos da America do Norte;

b) a utilisar a importancia de 36:000 francos, de que trata a letra *b* do art. 2º, das «Disposições permanentes» da lei n. 565, de 8 de Abril de 1904, quando não seja feito o contracto a que o mesmo art. se refere, em propaganda que facilite a immigração de colonos e trabalhadores estrangeiros para o Estado;

c) a modificar, augmentando ou redusindo, as tabellas das barreiras do Estado;

d) a liquidar, com Leandro de Souza Luz, como fôr de direito, a indemnisação por prejuizos que o mesmo diz ter soffrido na construcção de um lazareto situado na ilha das Cobras, em Paranaguá;

e) a pagar á Camara Municipal de Paranaguá, a contar de Janeiro de 1890 a Dezembro de 1904, os alugueis do predio pertencente a mesma Camara, em cujo predio funccionam a cadeia e o quartel, ficando desta ultima data em diante, á cargo da alludida Camara, as despezas com a manutenção d'aquelles estabelecimentos;

f) a contractar o serviço de diligencias desta Capital a Serro Azul;

g) a mandar construir a ponte sobre o rio do Salto, no municipio da Palmeira, a ponte sobre o rio Capivary, na estrada de Ponta Grossa a Tibagy e a ponte sobre o rio Turvo, na estrada entre S. João do Triumpho e União da Victoria;

h) a auxiliar as respectivas municipalidades nas construcções das estradas de Palmeira a S. João do Triumpho e de Ponta Grossa a Tibagy, passando pelo Amparo;

i) a saldar, com a repartição dos telegraphos, o debito proveniente do serviço telegraphico do Estado;

j) a subvencionar com a quantia necessaria, a juizo do governo, e que será retirada da verba «Obras publicas em geral», o estabelecimento agricola montado no Estado, que possa ser adoptado como campo de experiencia, onde sejam ministrados aos lavradores e alumnos o ensino pratico de agricultura, de accordo com o regulamento que for expedido pelo governo para esse fim.

Art. 3º. O governo mandará contar, para os effeitos da aposentadoria da professora *d.* Maria Benedicta Cordeiro Pinto, o tempo de 2 annos e 2 mezes em que a mesma professora exerceo o magisterio, como alumna mestre da 1ª cadeira do sexo fem. da cidade de Paranaguá.

Art. 4º. E' creado desde já o logar de fiel do thesoureiro do Estado, o qual será nomeado sob indicação do mesmo thesoureiro e servirá com a mesma fiança, vencendo 1:800$000 annualmente; ficando o governo autorisado a abrir, para occorrer esta despeza, o credito necessario.

Art. 5º. As solicitações das Camaras Municipaes, de que trata o art. 4º das «Disposições permanentes da lei n. 566, de 8 de Abril do anno passado, serão feitas por intermedio dos prefeitos, que as informarão; podendo, em todo caso, deixar de attendel-as o governo do Estado.

Art. 6º. Ao thesouro do Estado é vedado, desde a data desta lei, receber, á titulo de emprestimo, quaesquer quantias pertencentes a orphãos.

§ unico. Fica o governo do Estado autorisado a restituir as quantias depositadas no thesouro e aos mesmos orphãos pertencentes, a proporção que o seu levantamento fôr sendo requisitado pelas autoridades competentes.

Art. 7º. Fica o governo autorisado a substituir o imposto de 1|2% sobre demandas, á que se refere o § 7º. do art. 1º. da presente lei, pelo imposto de taxa judiciaria e a expedir, para este fim, o respectivo regulamento.

§ unico. Neste regulamento o governo estabelecerá a taxa judiciaria, que será cobrada na seguinte proporção:

1º. Nas demandas 1|2% sobre o valor certo do pedido principal ou sobre aquelle que fôr declarado na petição inicial, quando não haja pedido certo ou sobre aquelle que fôr arbitrado, quando o autor não faça a necessaria declaração, ou quando ao juiz pareça manifestamente insufficiente o valor dado pela parte, ou ainda quando fôr a causa inestimavel;

2º. ¼ % sobre o liquido a partilhar ou a adjudicar. e a ratear nas partilhas e sobre partilhas judiciaes e extra-judiciaes, no calculo de adjudicação, no de transferencia de usufructo, extincção deste ou de *fidei commisso*, nos requerimentos ou justificações para dissolução judicial ou liquidação de sociedades, fallencia e liquidação forçada de sociedades anonymas;

3º. 2% sobre a avaliação dos bens arrecadados de defuntos e ausentes.

Neste regulamento o governo estabelecerá as isenções convenientes.

Art. 8º. Igualmente fica o poder executivo autorisado a reformar o regimento de custas annexo á reforma judiciaria, a que se refere a lei n. 191, de 14 de Fevereiro de 1896, reduzindo as taxas estabelecidas no mesmo regimento e extinguindo aquellas que julgar convenientes.

§ unico. O governo não poderá utilisar-se da autorisação que lhe é dada pelo art. 7º das presentes disposições, sem que primeiramente seja reformado o regimento de custas na forma deste artigo.

Art. 9º. A porcentagem de que trata o art. 11, da lei n. 426, de 9 de Abril de 1901, em suas disposições permanentes, caberá repartidamente aos chefes da fiscalisação.

Art. 10. São augmentados em um conto de réis por anno os vencimentos que competem a cada um dos lentes do Gymnasio.

CAPITULO IV

DISPOSIÇÕES TRANSITORIAS

Art. 1º. O exercicio financeiro começará em 1º de Julho deste anno e terminará em 30 de Junho de 1906, com um trimestre addicional para a sua liquidação e encerramento.

Art. 2º. Fica o poder executivo autorisado:

a) a emittir letras do thesouro, por antecipação da receita, até a quantia de 250:000$000, as quaes serão resgatadas dentro do exercicio;

b) a mandar pôr em arrematação o serviço de arrecadação dos impostos do Estado, se isto convier aos interesses do fisco ;

c) a crear e supprimir estações fiscaes, dotando-as do respectivo pessoal para o qual marcará vencimentos eguaes aos estipulados em lei para cargos identicos :

d) a mandar vender em hasta publica os proprios do Estado que não forem necessarios ao seu serviço ?

e) a mandar abonar ao procurador fiscal do Estado, ao solicitador do contencioso e aos promotores publicos, 5º|o a cada um, sobre as importancias da divida activa do Estado e cuja arrecadação promoverem durante o exercicio ;

f) a abrir creditos supplementares para occorrer á insufficiencia das verbas decretadas na presente lei para as seguintes rubricas :

Secretaria do Interior, § § 3º, 6º, 8º, 11, e 12º.

Secretaria de Finanças, § § 2º, 7º, 8º e 9º.

Secretaria de Obras Publicas e Colonisação, § 4º.

g) a levar á conta da verba «Obras publicas em geral» o saldo que se verificar no § 5º do art. 4º desta lei;

h) a trasportar de umas para outras verbas das diversas rubricas desta lei as sobras apuradas em virtude de economias realisadas nos respectivos serviços durante o exercicio ;

i) a auxiliar, pelo modo que julgar mais conveniente, as municipalidades de Paranaguá e de Antonina nos melhoramentos que a repartição de hygiene considerar mais necessarios para o saneamento dessas cidades ;

j) a entrar em accordo com a Camara Municipal da Capital para o fim de ser pelo Estado, e pelo modo mais conveniente, resgatada a divida fundada da mesma Camara.

Art. 3º. Fica igualmente o governo autorisado :

a) a entrar em accordo com a Santa Casa de Misericordia para a acquisição do predio em que funcciona o Asylo de Alienados e adaptal-o ao estabelecimento de uma penitenciaria, comprommettendo-se a dar quantia igual á despendida no mesmo Asylo para a construcção de outro, que attenda as necessidades de uma instituição desse genero, tirando da verba «Obras publicas em geral» o que fôr necessario para isso;

b) a entrar em accordo com o bispo diocesano para a liquidação do compromisso assumido pelo Estado em cumprimento da lei n. 122, de 21 de Dezembro de 1894, podendo para esse fim utilisar a quantia a que tem direito o mesmo Estado pela letra *H* do n. 14, do art. 2º, da lei federal n. 953, de 29 de Dezembro de 1902;

c) a melhorar o serviço de publicação dos actos officiaes, podendo firmar contracto para o mesmo serviço e despender, além da verba votada em cada Secretaria para isso, até mais a quantia de 6:000$000, igualmente dividida pelas trez Secretarias de Estado;

d) a abrir os creditos necessarios, desde já, para execução da reforma das Secretarias de Estado do Interior, Justiça e Instrucção Publica e de Finanças, Commercio e Industrias, de accordo com a lei n. 584, ambas de 16 de março deste anno;

e) a subvencionar com a quantia de seiscentos mil réis, a Camara Municipal de Paranaguá, para conservação e limpesa das casas escolares, pertencentes áquella Camara, onde funccionam as escolas do Estado ;

f) a relevar em favor de Carlos Schelbauer a prescripção da divida de 562$000, imposta contra o mesmo pela Secretaria de Obras Publicas e Colonisação, em despacho de 8 de Janeiro de 1900, e a receber em conta desta quantia a importancia que o dito Carlos Schelbauer tem de pagar ao Estado para obter titulo definitivo de dois lotes de terra que occupa no districto de S. Lourenço, na zona litigiosa entre este Estado e o de Santa Catharina ;

g) a rever a aposentadoria de João Saturnino de Freitas Saldanha, ex-secretario da policia e a mandar contar em favor do mesmo mais cinco annos e quatro mezes, tempo éste em que exerceu effectivamente os cargos de praticante dos correios do Paraná e de escripturario da directoria da ex-colonia do Assunguy.

Art. 4º. O auxilio concedido á agricultura pelo art. 4º, § 6º, será distribuido pelo governo em sementes e plantas aos lavradores do Estado.

Art. 5º. As Santas Casas de Misericordia de Paranaguá e de Antonina restituirão ao Estado, das subvenções que recebem por lei, as quantias de 5:000$000, cada uma e que lhes compete pela letra *h* do n. 19, do art. 2º, da lei federal n. 953, de 29 de Dezembro de 1902.

Art. 6º. Fica o governo autorizado a abrir creditos supplementares ou extraordinarios para attender a quaesquer despezas ou serviços decretados na presente lei e em leis especiaes.

Art. 7º. Revogam-se as disposições em contrario.

O Secretario de Estado dos Negocios de Finanças, Commercio e Industrias, assim a faça executar.

Palacio da Presidencia do Estado do Paraná, em 6 de Abril de 1905, 17º da Republica.

VICENTE MACHADO DA SILVA LIMA

JAVERT MADUREIRA.

Publicada na Secretaria de Finanças, Commercio e Industrias, em 6 de Abril de 1905.

O director—*Alfredo Bittencourt.*

Lei n. 612—de 6 de Abril de 1905

O Congresso. Legislativo do Estado do Paraná decretou e eu sancciono a lei seguinte:

Art. 1º. Fica o poder executivo autorizado a promover a unificação da divida do Estado, de modo a reduzil-a a um unico typo de juro, de praso e de amortização.

Art. 2º. Para o effeito do artigo anterior fica o mesmo poder executivo autorizado a contrahir, no paiz ou no extrangeiro, um emprestimo até a importancia de £. 800.000, oitocentas mil libras ao typo que reputar mais conveniente, fixando o juro e amortização annuaes e o praso total do resgate.

Art. 3º. Com o producto dessa operação e para os effeitos do art. 1º, o governo pagará toda a actual divida fundada existente e a fluctuante, que por ventura houver ao tempo de ultimar a mesma operação, empregando o excedente em melhoramentos publicos.

Art. 4º. Fica o poder executivo autorizado a garantir a operação de que tratam os arts. 1º e 2º, com a renda do imposto de exportação e outras da renda geral do Estado.

Art. 5º. Revogam-se as disposições em contrario.

O Secretario de Estado dos Negocios de Finanças, Commercio e Industrias, assim a faça executar.

Palacio da Presidencia do Estado do Paraná, em 6 de Abril de 1905, 17º da Republica.

VICENTE MACHADO DA SILVA LIMA

Joaquim P. P. Chichorro Junior.

Publicada na Secretaria de Finanças, Commercio e Industrias, em 6 de Abril de 1905.

O director—*Alfredo Bittencourt.*

ACTOS DO PODER EXECUTIVO

Decreto n. 3—de 3 de Janeiro de 1905

O Presidente do Estado do Paraná, tendo em vista o que requereu a professora de 3ª classe, da escola para o sexo feminino da cidade da Palmeira, D. Narciza de Paula Xavier Munhoz, e attendendo a que conta vinte e um annos, seis mezes e trez dias de effectivo exercicio no magisterio e que soffre molestia que a inhabilita para continuar no exercicio d'aquelle cargo, segundo parecer da junta medica que a inspeccionou de saúde, concede-lhe a aposentadoria com o ordenado annual de um conto trezentos e dezenove mil cento e sessenta e nove réis (1:319$169), de accordo com o calculo feito pela Secretaria de Finanças, tudo de conformidade com a lei n. 244, de 29 de Novembro de 1897.

Expeça-se-lhe, pois, o competente titulo, para os effeitos do art. 8º da supracitada lei.

Palacio da Presidencia do Estado do Paraná, em 3 de Janeiro de 1905.

VICENTE MACHADO DA SILVA LIMA.

Bento José Lamenha Lins

Decreto n. 9—de 3 de Janeiro de 1905

O Presidente do Estado do Paraná, usando da faculdade que lhe confere o art. 15 da reforma da Constituição, resolve conceder ao réu Brazilio Prosky, praça do Regimento de Segurança, o perdão do resto da pena de sete mezes de prisão com trabalho, á que foi condemnado pelo conselho de guerra em virtude do crime da fuga de um preso sentenciado, confiado á sua guarda.

Palacio da Presidencia do Estado do Paraná, em 3 de Janeiro de 1905.

VICENTE MACHADO DA SILVA LIMA.

Bento José Lamenha Lins

Decreto n. 10—de 4 de Janeiro de 1905

O Presidente do Estado do Paraná, tendo em vista a execução da autorização constante da lei n. 522, de 3 de Março de 1904 e usando de attribuições que lhe são conferidas por lei, decreta:

Art. 1º. Ficam affectos á Secretaria de Estado dos Negocios de Obras Publicas e Colonisação os actos que se prendem á execução do contracto que tem com o Estado o engenheiro Carlos João Frojd Westermann, cessionario do mesmo Estado no contracto de arrendamento da Estrada de Ferro do Paraná, de que é arrendatario.

Art. 2º. Em virtude do artigo antecedente, a referida Secretaria providenciará para que na de Finanças sejam recolhidas as rendas da Estrada, bem como para que a esta sejam feitos os supprimentos de fundos necessarios, devendo ficar escripturados, na mesma Secretaria de Finanças, e em livros especiaes, não só essas, como quaesquer outras operações financeiras, quer as já realisadas até esta data, quer as que tenham de ser feitas por força das obrigações contrahidas entre os contractantes.

Art. 3º. Revogam-se as disposições em contrario.

Palacio da Presidencia do Estado do Paraná, em 4 de Janeiro de 1905.

VICENTE MACHADO DA SILVA LIMA.

Bento José Lamenha Lins.

Decreto n. 11—de 4 de Janeiro de 1905

O Presidente do Estado do Paraná, tendo em vista que o official da Secretaria de Finanças, Commercio e Industrias, José Joaquim Ribeiro, requereu aposentadoria por soffrer molestia que, a juizo da junta medica, a cujo exame foi submettido, o inhabilita de continuar no exercicio do referido cargo;

Usando da faculdade que lhe confere a lei que regula o caso, resolve aposentar no cargo de official da Secretaria de Finanças, Commercio e Industrias, o referido cidadão José Joaquim Ribeiro, com o ordenado annual de dois contos trezentos e noventa e dois mil réis (2:392$000), correspondente a vinte e oito annos, dois

mezes e seis dias de effectivo exercicio, inclusive o tempo
dê que trata a letra *t*, art. 2º das "Disposições transi-
torias„ da lei n. 566, de 8 de Abril de 1904, de accordo
com o calculo a que se procedeu pela respectiva Secretaria.

Palacio da Presidencia do Estado do Paraná, em 4
de Janeiro de 1905.

VICENTE MACHADO DA SILVA LIMA.

BENTO JOSÉ LAMENHA LINS.

Decreto n. 12 de 6 de Janeiro de 1905

O Presidente do Estado do Paraná, usando da attribuição que lhe confere a letra *C* do art. 2º das "Disposições transitorias da lei n. 565, de 8 de Abril do anno
passado, decreta:

Art. unico. E' creada uma agencia fiscal no logar
denominado "Agudos", no municipio de *S*. José dos
Pinhaes; revogadas as disposições em contrario.

Palacio da Presidencia do Estado do Paraná, em 6
de Janeiro de 1905.

VICENTE MACHADO DA SILVA LIMA.

BENTO JOSÉ LAMENHA LINS.

Decreto n. 15—de 13 de Janeiro de 1905

O Presidente do Estado do Paraná resolve marcar
o dia 19 do mez de Fevereiro vindouro, para se proceder em todo o Estado á eleição de 2º vice presidente
do Estado, vago pelo fallecimento do coronel Manoel Bo-
nifacio Carneiro.

Façam-se as necessarias communicações.

Palacio da Presidencia do Estado do Paraná, em
13 de Janeiro de 1905.

VICENTE MACHADO DA SILVA LIMA

BENTO JOSÉ LAMENHA LINS.

Decreto n. 35—de 28 de Janeiro de 1905

O Presidente do Estado do Paraná, attendendo a que o cidadão Antonio Jonas Ferreira Pinto, habilitou-se para exercer o officio de escrivão do juizo districtal do districto do Jaboticabál, termo de São José da Bôa Vista, resolve provel-o vitaliciamente nesse officio.

Palacio da Presidencia do Estado do Paraná, em 28 de Janeiro de 1905.

VICENTE MACHADO DA SILVA LIMA

BENTO JOSÉ LAMENHA LINS.

Decreto n. 36—de 28 de Janeiro de 1905 ´

O Presidente do Estado do Paraná, attendendo á representação feita pelo exmo. e revdmo. Sr. D. Duarte., bispo diocesano, contra as disposições da lei n. 8, de 10 de Dezembro do anno proximo findo, promulgada pela Camara Municipal da villa de Conchas, resolve usar da faculdade conferida pelo art. 20 do acto addicional á Constituição do Estado e declarar suspensa a referida lei.
Communique-se ao Congresso Legislativo para resolver definitivamente a respeito, e á Camara Municipal de Conchas, por intermedio da respectiva prefeitura.

Palacio da Presidencia do Estado du Paraná, em 28 de Janeiro de 1905.

VICENTE MACHADO DA SILVA LIMA

BENTO JOSÉ LAMENHA LINS

Decreto n. 37—de 31 de Janeiro de 1905

O Presidente do Estado do Paraná, resolve marcar o dia 14 do mez de Fevereiro vindouro, para a installação dos districtos judiciarios Vicentopolis e Generosopolis, pertencentes á comarca de Palmas, de accordo com a lei promulgada pela Camara Municipal dessa cidade e que creou os referidos districtos.

Palacio da Presidencia do Estado do Paraná, em 3f de Janeiro de 1905.

VICENTE MACHADO DA SILVA LIMA.

BENTO JOSÉ LAMENHA LINS.

Decreto n. 38—de 31 de Janeiro de 1905

O Presidente do Estado do Paraná, tendo em vista a representação feita pelo exmo. e revdmo. Sr. D. Duarte, bispo diocesano, em officio de 13 do mez transacto, e a informação prestada a respeito pelo sr. dr. Secretario dos Negocios do Interior, Justiça e Instrucção Publica, resolve, usando da autorisação conferida no art. 20, do acto addicional á Constituição do Estado, suspender a execução do § 56 da lei n. 10. de 17 de Outubro do anno passado, promulgada pela Camara Municipal da cidade do Tibagy.

Faça-se a necessaria communicação ao Congresso Legislativo para resolver definitivamente sobre o caso, e á Camara Municipal do Tibagy, por intermedio da respectiva prefeitura.

Palacio da Presidencia do Estado do Paraná, em 31 de Janeiro de 1905.

VICENTE MACHADO DA SILVA LIMA.

BENTO JOSÉ LAMENHA LINS.

Decreto n. 41—de 6 de Fevereiro de 1905

O Presidente do Estado do Paraná. attendendo a representação feita pelos mercadores ambulantes, Antonio Elias, Amancio João e Domingos Abraham, contra a lei n. 3, de 28 de Novembro do anno passado, promulgada pela Camara Municipal da cidade de S. José dos Pinhaes, que elevou a 3:000$000 annuaes o imposto para mascateação, e tendo em vista a informação prestada a respeito pelo dr. Secretario do Interior, em officio sob n. 141, de 3 do mez corrente, resolve, usando da autorisação concedida pelo art. 20 do acto addicional á Constituição Politica do Estado, suspender a execução da referida lei n. 3.

Communique-se ao Congresso Legislativo do Estado para resolver definitivamente sobre o caso, e á Camara Municipal de S. José dos Pinhaes, por intermedio do respectivo prefeito.

Palacio da Presidencia do Estado do Paraná, em 6 de Fevereiro de 1905.

VICENTE MACHADO DA SILVA LIMA.

BENTO JOSÉ LAMENHA LINS.

Decreto n. 42—de 6 de Fevereiro de 1905

O Presidente do Estado do Paraná, attendendo á representação feita por diversos commerciantes estabelecidos no Tibagy, contra a lei n. 12, de 2 de Janeiro ultimo, promulgada pela Camara Municipal d'aquella cidade e que crêa o imposto sobre bebidas alcoolicas, e tendo em vista as considerações e razões expostas pelo dr. Secretario do Interior, em officio sob n. 147, de 3 do mez corrente, rosolve, nos termos do art. 20 do acto addicional á Constituição Politica, declarar suspensa a execução da referida lei municipal, que attenta contra as leis do Estado.

Faça-se a necessaria communicação ao Congresso Legislativo para resolver definitivamente sobre o caso, bem como á Camara Municipal do Tibagy, por intermedio do respectivo prefeito.

Palacio da Presidencia do Estado do Paraná, em 6 de Fevereiro de 1905.

VICENTE MACHADO DA SILVA LIMA

BENTO JOSÉ LAMENHA LINS.

Decreto n. 44—de 13 de Fevereiro de 1905

O Presidente do Estado do Paraná, attendendo a que o cidadão Benjamin Augusto de Miranda habilitou-se, em concurso, para exercer o cargo de escrivão do juizo districtal do Jacarézinho, termo do mesmo nome, resolve provel-o vitaliciamente naquelle cargo.

Expeça-se-lhe o competente titulo para os fins de direito.

Palacio da Presidencia do Estado do Paraná, em 13 de Fevereiro de 1905.

VICENTE MACHADO DA SILVA LIMA.

BENTO JOSÉ LAMENHA LINS.

Decreto n. 47—de 15 de Fevereiro de 1905.

O Presidente do Estado do Paraná, attendendo á necessidade de promover o povoamento do rico municipio de Palmas, decreta:

Art. 1º. Ficam destinadas á fundação de uma colonia as terras devolutas da margem do rio do Peixe, no municipio de Palmas.

§ unico. A séde dessa colonia será estabelecida em logar conveniente, nas terras contiguas á fóz do mesmo rio.

Art. 2º. O perimetro da colonia deverá conter mais ou menos uma area equivalente a 12:000 hectares e abranger as melhores terras de cultura desta zona.

§ unico. Cada lote de terras deverá conter 25 hectares.

Art. 3º. Ficam a cargo do commissario de terras do 20º commissariado a determinação do perimetro da colonia, a medição e demarcação dos respectivos lotes, a classificação das terras, a venda dos lotes e a cobrança das respectivas importancias, a abertura de estradas e quaesquer outros melhoramentos coloniaes.

Art. 4º. Pelos serviços constantes do art. antecedente o commissario perceberá sobre a importancia que arrecadar pela venda de terras uma porcentagem equivalente ao custo dos mesmos serviços, conforme as contas que apresentar á Secretaria de Obras Publicas e Colonisação, depois de devidamente approvadas pelo governo.

§ 1º. As contas a que se refere este acto serão apresentadas no fim de todos os semestres.

§ 2º. Em caso nenhum o valor dos serviços do commissario poderá exceder á importancia dos. lotes vencidos e por elle arrecadadas.

Art. 5º. A venda de lotes será feita pelos preços da lei, segundo a classificação das respectivas terras.

Art. 6º. A colonia ora creada fica sujeita ao regulamento colonial em vigor, em tudo quanto não contrariar as disposições deste decreto.

Art. 7º. A Secretaria de Obras Publicas e Colonisação dará a respeito as necessarias instrucções.

Palacio da Presidencia do Estado do Paraná, em 15 de Fevereiro de 1905.

VICENTE MACHADO DA SILVA LIMA.

Joaquim P. P. Cichorro Junior.

Decreto n. 50—de 16 de Fevereiro de 1905

O Presidente do Estado do Paraná, tendo em vista o que requereu a professora de 3ª classe, da escola publica promiscua do povoado Campo Comprido, municipio de Curityba, D. Amelia Augusta do Nascimento Jardim, e attendendo a que conta vinte e um annos, trez mezes e dez dias de exercicio effectivo no magisterio, e que soffre de molestia que a inhabilita para continuar no exercicio d'aquelle cargo, segundo o parecer da junta medica que a inspeccionou de saúde, concede-lhe a aposentadoria com o ordenado annual de um conto trezentos e cinco mil e trinta e seis réis (1:305$036), de accordo com o calculo feito na directoria da Secretaria de Finanças, tudo de conformidade com a lei n. 244, de 29 de Novembro de 1897.

Expeça-se-lhe o competente titulo para os effeitos do art. 8º da supracitada lei.

Palacio da Presidencia do Estado do Paraná, em 16 de Fevereiro de 1905.

VICENTE MACHADO DA SILVA LIMA.

BENTO JOSÉ LAMENHA LINS.

Decreto n. 51—de 16 de Fevereiro de 1905

O Presidente do Estado do Paraná, tendo em vista o que requereu a professora de 3ª classe, da escola promiscua da colonia Santa Felicidade, municipio de Curityba, D. Guilhermina da Luz Gomes, e attendendo a que conta vinte oito annos e onze dias de exercicio effectivo no magisterio e soffre molestia que a inhabilita para continuar no exercicio d'aquelle cargo, segundo o parecer da junta medica que a inspeccionou de saude, concede-lhe a aposentadoria com o ordenado annual de um conto setecentos e sessenta e trez mil e trinta e dois réis (1:763$032), inclusive a gratificação especial de 5 %, de que trata o § 1º, art. 3º, da lei n. 244, de 29 de Novembro de 1897, de accordo com o calculo feito na directoria da Secretaria de Finanças, tudo de conformidade com aquella lei.

Expeça-se-lhe o competente titulo para os effeitos do art. 8º da lei supracitada.

Palacio da Presidencia do Estado do Paraná, em 16 de Fevereiro de 1905.

VICENTE MACHADO DA SILVA LIMA.

Bento José Lamenha Lins.

Decreto n. 52—de 16 de Fevereiro de 1905

O Presidente do Estado do Paraná, tendo em vista o que requereu o professor publico aposentado, Geniplo Pereira Ramos, resolve, de accordo com a autorisação conferida pela lei n. 423, de 6 de Abril de 1901, addicionar ao ordenado de 648$699 com que foi aposentado o mesmo professor, a importancia de vinte e sete mil oitocentos e noventa e dois réis (27$892), annualmente, prefazendo o total de 676$591, sendo, pois, a differença a pagar-lhe até 3 do corrente mez, de 602$872, de conformidade com o calculo de revisão feito na directoria da Secretaria de Finanças.

Expeça-se-lhe a competente apostilla para os effeitos legaes.

Palacio da Presidencia do Estado do Paraná, em 16 de Fevereiro de 1905.

VICENTE MACHADO DA SILVA LIMA.

Bento José Lamenha Lins.

Decreto n. 58—de 18 de Fevereiro de 1905

O Presidente do Estado do Paraná, resolve conceder a exoneração solicitada pelo cidadão Urbano Lessa, do cargo de 1º escrivão do crime do termo desta capital.

Palacio da Presidencia do Estado do Paraná, em 18 de Fevereiro de 1905.

VICENTE MACHADO DA SILVA LIMA,

Bento José Lamenha Lins.

Decreto n. 68—de 1º de Março de 1905

O Presidente do Estado do Paraná, attendendo a que é de urgente necessidade dotar a colonia do Rio Claro de estradas de rodagem que a ponham em facil communicação com a Estrada de Ferro São Paulo-Rio-Grande, bem como de outros melhoramentos de que ella carece para desenvolver-se, e considerando que, para esse fim, precisa a referida colonia de uma administração uniforme que, conhecendo-lhe de perto as necessidades, promova o seu desenvolvimento, por meio de medidas adequadas, decreta:

Art. 1º. As circumscripções coloniaes do Rio Claro, creadas pelo regulamento a que se refere o dec. n. 286, de 28 de Junho de 1904, ficam formando uma só, que comprehenderá toda a colonia.

Art. 2º. O cobrador dessa circumscripção, além das attribuições que lhe competem, em virtude d'aquelle regulamento, terá tambem as de director da colonia, para os fins deste decreto.

Art. 3º. Os trabalhos de construcção de estradas e outros de utilidade geral da colonia serão administrados por esse funccionario, de accordo com os respectivos orçamentos organisados ou approvados pela Secretaria de Obras Publicas e Colonisação.

§ 1º. Nesses trabalhos serão empregados sómente os colonos que ainda estejam em debito para com o Estado e queiram pagal-o em serviços.

§ 2º. Para regularidade do serviço, o director cobrador enviará mensalmente á Secretaria de Obras Publicas e Colonisação a relação nominal dos colonos que trabalharem nessas condições, com indicação do n. de seus lotes, dias de trabalho, natureza deste e respectiva importancia.

§ 3º. A nenhum colono poderá ser dado trabalho em valor superior ao seu debito para com o Estado.

Art. 4º. De posse da relação de que trata o art. precedente, a Secretaria de Obras Publicas e Colonisação expedirá, a cada colono, ou o titulo definitivo do lote, se elle o tiver pago integralmente, ou uma declaração dos serviços prestados com indicação do respectivo valor, para opportunamente ser descontado do debito do mesmo colono.

Art. 5º. A Secretaria de Obras Publicas e Colonisação nomeará tres ou mais colonos dos que já tenham pago sua divida integralmente e gozem na colonia de bom conceito para, formando um conselho consultivo, collaborarem com o director na administração da colonia, a bem do seu desenvolvimento.

Art. 6º. A porcentagem, a que tem direito o cobrador, não só pelos serviços de cobrança, como tambem pelos outros a que fica obrigado em virtude deste decreto, só será calculada sobre a importancia que o mesmo arrecadar em dinheiro, do seguinte modo :

a) até a arrecadação mensal de 1:000$, a sua porcentagem será de 40%;

b) sobre o que exceder de 1:000$ até 1:500$, terá 10%;

c) Sobre o que exceder de 1:500$ até 2:000$, terá 15%;

d) Sobre o que exceder de 2:000$, terá 20%. ·

Art. 7º. Da parte da arrecadação que, na conformidade do artigo antecedente, for recolhida aos cofres do Estado, o governo, tendo em vista os relatorios do director, e no intuito de animar a lavoura e as pequenas industrias na colonia, poderá destinar a quantia que julgar conveniente para a instituição de premios agricolas e industriaes, para compra de animaes de raça, machinas agricolas e para outros melhoramentos. ·

Art. 8º. A directoria da colonia fica sujeita ao regimen do regulamento acima citado em tudo quanto não contrariar as disposições deste decreto.

Art. 9º. A Secretaria de Obras Publicas e Colonisação dará as instrucções que se tornarem necessarias á boa administração da colonia, de accordo com este decreto.

Art. 10. Ficam revogadas as disposições em contrario.

Palacio da Presidencia do Estado do Paraná, em 1º. de Março de 1905.

VICENTE MACHADO DA SILVA LIMA.

JOAQUIM P. P. CHICHORRO JUNIOR

Decreto n. 69—de 1° de Março de 1905

O Presidente do Estado do Paraná, attendendo á conveniencia de facilitar o pagamento de juros aos portadores dos titulos do emprestimo feito em virtude do decreto n. 169, de 29 de Abril de 1904 e autorisação da lei n. 506, de 2 de Abril de 1903, resolve :

Art. 1º. O governo contractará com estabelecimentos bancarios da capital da União e da capital do Estado de S. Paulo, o pagamento dos juros vencidos nas epochas determinadas no artigo 2º do referido dec. n. 169, de 29 de Abril de 1904, provendo-os antecipadamente dos fundos necessarios para esse fim.

Art. 2º. Até quinze dias antes de abrirem-se os prasos de que trata o citado artigo 2º do dec. n. 169, os possuidores de titulos os farão registrar nos estabelecimentos que forem, pelo governo, escolhidos para esse serviço.

Art. 3º. Revogam-se as disposições em contrario.

Palacio da Presidencia do Estado do Paraná, em 1º. de Março de 1905.

VICENTE MACHADO DA SILVA 'LIMA

Javeri Madureira

Decreto n. 75—de 7 de Março de 1905

O Presidente do Estado do Paraná, usando da autorisação contida no art. 1º. da lei n. 522, de 3 de Março do anno passado, decreta :

Art. 1º. São emittidas apolices da divida publica do Estado, ao portador, até a quantia de 600:000$ seiscentos contos de réis, ao typo de oitenta e cinco (85), e juro de 7°|0 sete por cento ao anno.

§ unico. Essas apolices que terão o valor nominal de um conto de réis (1:000$), cada uma, são destinadas ás despezas necessarias a serem feitas de accordo com a lei n. 522, de 3 de Março de 1904.

Art. 2º. O resgate das apolices emittidas será pelo valor nominal e por meio ·de sorteio mensal, a contar de 1º de Maio deste anno em diante, na proporção de quinze (15) por mez.

Art. 3º. Os juros das apolices serão pagos por semestres vencidos, nos primeiros quinze dias dos mezes de Janeiro e Junho de cada anno.

§ unico. O primeiro pagamento de juros se realisará em Janeiro de 1906, incluindo-se nesse pagamento do semestre decorrido de Julho a Dezembro, os mezes de Abril até Junho deste anno.

Art. 4º. Para o serviço de amortisação e juros destas apolices, ficará reservada a quantia necessaria da renda geral do Estado.

Art. 5º. O governo reserva-se o direito de resgatar, de uma só vez, todas as apolices emittidas, pagando o valor nominal das mesmas e os juros vencidos.

Art. 6º. As apolices serão assignadas pelo Presidente do Estado, Secretario de Finanças e thesoureiro do Estado.

Art. 7º. Nos sorteios que se realisarem, observar-se-hão as disposições dos arts. 2º, 3º e 4º do dec. n. 14, de 1º de Abril de 1898.

Art. 8º. Revogam-se as disposições em contrario.

Palacio da Presidencia do Estado do Paraná, em 7 de Março de 1905.

VICENTE MACHADO DA SILVA LIMA.

JAVERT MADUREIRA.

Decreto n. 76—de 9 de Março de 1905

O Presidente do Estado do Paraná, sob proposta do dr. chefe de policia, resolve crear no termo de Palmas, um districto policial com a denominação de Generosopolis, tendo as seguintes divisas : Do lado do sul, limite com a colonia militar do Xapecó, a começar no Rodeio Bonito; ao norte, pelo rio Xapecózinho e Bahia; e a oeste, pelo mesmo rio Xapecózinho até a frente do Rodeio Bonito, e d'ahi a rumo, até onde teve principio, com os limites da colonia Xapecó.

Palacio da Presidencia do Estado do Paraná, em 9 de Março de 1905.

VICENTE MACHADO DA SILVA LIMA

BENTO JOSÉ LAMENHA LINS.

Decreto n. 79—de 10 de Março de 1905

O Presidente do Estado do Paraná, attendendo a que se acha exgottada a actual emissão de estampilhas dos valores de duzentos e quatrocentos réis, e achando de conveniencia substituil-as por outras de padrões differentes, decreta:

Art. 1º. As actuaes estampilhas dos valores de duzentos e quatrocentos réis, a que se refere o art. 16 capitulo V, do regulamento do sello em vigor, ficam substituidas por outras dos padrões seguintes: As de quatrocentos réis (400) são impressas em tinta carmesim, formando um parallelogrammo rectangulo de 0,ᵐ 020 de base e 0,ᵐ 031 de altura. Sobre um fundo com radiações limitadas por uma vinheta cantonada de arabescos, destacam-se as armas do Estado, encimadas por uma faixa, em arco, com os dizeres—Republica Brazileira—Por baixo das armas, em faixas parallelas de curvas de arcos concentricos, encontram-se òs dizeres—Quatrocentos réis —e Imposto do sello—Na parte inferior e tangente á ultima curva das faixas acima descriptas, vê-se um claro avinhetado com os dizeres—Réis—400—Réis.—

As segundas, isto é, as de duzentos réis, teem o mesmo formato, dimensões e desenhos, são impressas em tinta côr de azeitona e com todos aquelles dizeres, substituidos apenas, na parte inferior o valor do sello para—Réis—200—Réis, ficando assim revogado o art. 16, capitulo V, do citado regulamento do sello na parte referente aos signaes caracteristicos das estampilhas de duzentos e quatrocentos réis.

Art. 2º. Fica marcado o prazo até o dià 10 de Abril vindouro para serem recolhidas á Secretaria de Finanças as estampilhas dos valores mencionados neste decreto e actualmente em circulação.

§ unico. Findo o prazo marcado neste artigo as estampilhas em substituição não produzirão os effeitos legaes.

Art. 3º. Revogam-se as disposições em contrario.

Palacio da Presidencia do Estado do Paraná, em 10 de Março de 1905.

VICENTE MACHADO DA SILVA LIMA.

Javert Madureira.

Decreto n. 114—de 3 de Abril de 1905

O Presidente do Estado do Paraná, usando da autorisação que lhe confere o art. 1º da lei n. 585, de 10 de Março do corrente anno, nomeia os seguintes empregados para a Secretaria de Estado dos Negocios de Obras Publicas e Colonisação :

Directoria de Terras e Colonisação

Director—Luiz Ferreira França.

1ª Secção (Terras).

1º official—Manoel Antonio Cordeiro.
2º » —José Mathias Ferreira de Abreu.

2ª Secção (Colonisação).

1º official—Evaristo Martins Franco.
2º » —Aurelio Ribeiro de Campos.

Directoria de Obras e Viação.

Engenheiro director—Dr. José Niepce da Silva.
Engenheiro ajudante—Dr. Antonio de Barros Vieira Cavalcanti.
2º official—Augusto Cesar Espindola.

1ª Secção (Obras).

Auxiliar de 1ª classe—Fernando Müller.
Auxiliar de 2ª classe—Arnaldo Kalkmann.
Desenhista—Angelo Botechia.

2ª Secção (Viação).

Auxiliar de 1ª classe—Affonso Cicero Sebrão.
Auxiliar de 2ª classe—Luiz de Castro Gonçalves.
Archivista—Ignacio de Almeida Faria.
Porteiro—Joaquim Castilho Gomes de Medeiros.

Fiscalisação (Agua e Exgotto).

Fiscal—Dr. Jorge Eisenback.
Ajudante—Dr. João David Pernetta.
Auxiliar—Moyzés Correia Alves de Araujo.

Illuminação

Fiscal—João Candido da Silva Muricy.
Auxiliar—Augusto Vieira de Castro.

Palacio da Presidencia do Estado do Paraná, em 3 de Abril de 1905.

VICENTE MACHADO DA SILVA LIMA.

Joaquim P. P. Chichorro Junior.

———————

Decreto n. 115 —de 3 de Abril de 1905

O Presidente do Estado do Paraná, em observancia á lei n. 584, de 16 de Março de 1905, nomeia o seguinte pessoal para os cargos da Secretaria de Finanças, Commercio e Industrias:

Directoria do Expediente e de Contabilidade

Director—Alfredo Bittencourt.

1ª Secção (Expediente).

Chefe—Alcides Munhoz.
1º official—Manoel Moreira Lobo.
2º official—Theodorico Bittencourt.
2º official—Iphigenio José Lopes.

2ª Secção (Contabilidade).

Chefe—Lourenço da Silva Pereira.
1º official—Francisco Januario Santiago.
2º official—Alfredo Dulcidio Pereira.
2º official—João Estevão da Silva Junior.

Directoria do Contencioso.

Director—(procurador fiscal)—Dr. Joaquim Miró.
1º official—(solicitador)—Pedro Viriato de Souza.

Directoria do Thezouro.

Director thezoureiro—Agostinho Ribeiro de Macedo.
1º official—Pedro Pacheco da Silva Netto.
2º official—João Huy.
Archivista 2º official—João Barcellos.
Porteiro—Pompeo Monteiro.
·Continuo—José Mendes·
Servente e correio—Theodoro Nenê.

Palacio da Presidencia do Estado do Paraná, em 3 de Abril de 1905.

VICENTE MACHADO DA SILVA LIMA

JAVERT MADUREIRA.

―――――

Decreto n. 120—de 3 de Abril de 1905

O Presidente do Estado do Paraná, por conveniencia do serviço publico, resolve determinar que fique addido, com os vencimentos que actualmente percebe e como auxiliar da 2ª secção da directoria de Obras e Viação, o actual desenhista da Secretaria de Estado dos Negocios de Obras Publicas e Colonisação, Marcos Leschaud.

Palacio da Presidencia do Estado do Paraná, em 3 de Abril de 1905.

VICENTE MACHADO DA SILVA LIMA.

JOAQUIM P. P. CHICHORRO JUNIOR.

Decreto n. 121—de 3 de Abril de.1905

O Presidente do Estado do Paraná, usando da autorisação que lhe confere a lei n. 584, de 10 de Março, resolve nomear os seguintes empregados para a Secretaria do Interior, Justiça e Instrucção Publica.

Directoria

Director—João Alberto Munhoz.

1ª Secção

Chefe—Antonio Carlos Ribeiro de Andrade.
1º official—Gustavo Adolpho Pinheiro.
2º official—Benedicto da Motta Ribeiro.

2ª Secção

Chefe—Arthur Euclides de Moura.
1º official—Benedicto José de Queiroz.
2º official—Benjamin Ferreira Leite.

Archivo

2º official--archivista—Geminiano Gonçalves Guimarães.

Portaria

Porteiro—Victorino Manoel Rodrigues.
Continuo—Alvaro Silveira do Valle.
Correio—Antonio Cornelio do Amaral.
Servente—Virgilio Tavares da Silveira.

Palacio da Presidencia do Estado do Paraná, em 3 de Abril de 1905.

VICENTE MACHADO DA SILVA LIMA

BENTO JOSÉ LAMENHA LINS.

Decreto n. 123—de 4 de Abril de 1905

O Presidente do Estado do Paraná manda que, para completa execução da lei n. 585, de 16 de Março proximo findo, se observe e se cumpra o regulamento que com este baixa, assignado pelo Secretario de Estado dos Negocios de Obras Publicas e Colonisação, reorganisando a respectiva Secretaria.

Palacio da Presidencia do Estado do Paraná, em 4 de Abril de 1905, 17º da Republica.

VICENTE MACHADO DA SILVA LIMA.

Joaquim P. P. Chichorro Junior.

REGULAMENTO

a que se refere o Decreto n. 123 desta data

(Reorganisa a Secretaria de Obras Publicas e Colonisação)

CAPITULO I

DA SECRETARIA E SUA ORGANISAÇÃO; DIVISÃO E DISTRIBUIÇÃO DO SERVIÇO

Art. 1º. A Secretaria de Obras Publicas e Colonisação é a repartição que, immediatamente subordinada ao governo do Estado, tem a seu cargo a administração de todos os negocios publicos concernentes a terras, minas, obras publicas, colonisação, immigração, indios, correios e telegraphos estaduaes, navegação subvencionada, limites territoriaes, florestas e outros que, por sua relação de dependencia ou paridade, possam ser assimilados a estes.

Art. 2º. A Secretaria terá o pessoal e as divisões seguintes:

Directoria de Terras e Colonisação:

Um director.

1ª Secção (Terras)

Um 1º. official;
Um 2º. official.

2ª Secção (Colonisação)

Um 1º. official;
Um 2º. official.

Directoria de Obras e Viação:

Um engenheiro-director;
Um engenheiro ajudante;
Um 2º. official.

1ª Secção (Obras) •

Um auxiliar technico de 1ª classe;
Um   »   »   de 2ª classe;
Um desenhista.

2ª Secção (Viação)

Um auxiliar technico de 1ª classe.
Um   »   »   de 2ª classe.

....

Um archivista
Um porteiro
Um continuo
Um servente

FISCALISAÇÃO

Agua e exgottos da Capital

Um fiscal:
Um ajudante;
Um auxiliar.

Illuminação Publica da Capital

Um fiscal;
Um auxiliar.

Art. 3º. A Secretaria será presidida pelo secretario d'Estado dos Negocios de Obras Publicas e Colonisação, a quem compete:

§ 1º. Corresponder-se com o Congresso Legislativo
por meio de officios dirigidos ao 1º secretario, ou em
conferencias com as commissões, na forma do art. 60
da Constituição do Estado;

§ 2º. Auxiliar o presidente do Estado e subscrever-lhe
os actos relativos aos negocios da Secretaria;

§ 3º. Fiscalisar e determinar que se executem todos
os serviços da repartição;

§ 4º. Apresentar annualmente ao presidente do Estado um relatorio minucioso do que tiver occorrido na
Secretaria durante o anno;

§ 5º. Mandar satisfazer as despezas reputadas de
autorização permanente, uma vez estejam correntes e
não se achem excedidas as competentes consignações
orçamentarias;

§ 6º. Apresentar ao presidente, nos dias designados para despacho, os papeis processados, emittindo
parecer escripto quando se trate de negocio importante;

§ 7º. Receber o compromisso dos empregados, as-
signando os respectivos termos;

§ 8º. Apresentar ao presidente as demonstrações
de insufficiencia de creditos, para que sejam suppridos
nos casos em que a lei permittir;

§ 9º. Dirigir, em aviso ás autoridades e funccionarios subordinados, as instrucções precisas para a completa e fiel execução das leis, decretos e regulamentos
do Estado;

§ 10º. Apresentar ao presidente, em tempo oppor-
tuno, as bases para o orçamento das despezas da Secretaria;

§ 11º. Promover a responsabilidade dos empregados
seus subordinados.

Art. 4º. A directoria de Terras e Colonisação·terá
a seu cargo, na parte puramente administrativa, os negocios concernentes a terras, mineração, viação, navegação subvencionada, privilegios, colonisação, limites territoriaes, florestas e outros de natureza semelhante; e
compete-lhe:

§ 1º. Receber e apresentar ao secretario, para despacho deste ou do presidente do Estado, depois de devidamente informados, os papeis que derem entrada na
repartição, referentes aos negocios a seu cargo;

§ 2º. Receber, encaminhar, preparar e apresentar ao secretario, para sentença do Presidente, os autos de medições de terras, acompanhados de uma breve exposição do caso, por escripto;

§ 3º. Fazer a escripturação de todas as despezas ordinarias da Secretaria;

§ 4º. Dar a demonstração, de quatro em quatro mezes, do emprego dos creditos e consignação e justificação do augmento que for necessario;

§ 5º. Fazer o registro de titulos de engenheiros civis, de minas, geographos, agrimensores e bachareis em mathemathicas, nacionaes ou estrangeiros;

§ 6º. Organisar a estatistica geral das colonias, de accordo com o reg. a que se refere o dec. n. 286, de 28 de Julho de 1904;

§ 7º. Escripturar convenientemente a arrecadação da divida colonial, discriminando a arrecadação em dinheiro, da proveniente de serviços prestados em obras publicas pelos colonos.

Art. 5º. A Directoria de Obras e Viação terá a seu cargo, na parte technica, os negocios concernentes a terras, mineração, viação, navegação subvencionada, privilegios, colonisação, limites territoriaes, florestas e outros de natureza semelhante; e compete-lhe:

§ 1º. Receber e apresentar ao secretario, para despacho deste ou do Presidente do Estado, depois de devidamente informados, os papeis que derem entrada na repartição, referentes aos negocios a seu cargo;

§ 2º. O levantamento da carta geographica do Estado;

§ 3º. A organisação de plantas, orçamentos e instrucções para as obras a executar;

§ 4º. A direcção dos serviços feitos administrativamente;

§ 5º. A fiscalisação dos serviços feitos por contracto;

· § 6º. A inspecção de todas as obras para as quaes o Estado concorra com auxilio;

§ 7º. A organisação de bases para contractos;

§ 8º. O estudo e exame de papeis e contas referentes a obras publicas;

§ 9º. O estudo e exame da parte technica dos autos de medição de terras;

§ 10º. A escripturação das despezas referentes a obras publicas e serviços que correrem pela respectiva directoria.

Art. 6º. Os serviços que competem a cada uma das directorias serão distribuidos pelas respectivas secções, de accordo com a denominação de cada uma destas e com a conveniencia do serviço.

Art. 7º. A secção annexa de fiscalisação terá a seu cargo :

a) especialmente, a fiscalisação das obras de saneamento e do serviço de illuminação electrica da Capital;

b) em geral, a fiscalisação de todas as obras e serviços publicos que correrem pela Secretaria.

§ unico. Na fiscalisação especial de que trata a alinea A deste art., os deveres dos funccionarios encarregados desse serviço são, respectivamente, os que constam do reg. a que se refere o dec. n. 193, de 10 de Maio de 1904, e o acto da Secretaria de Obras Publicas, n. 18, de 27 de Agosto do mesmo anno.

Art. 8º. Constituem obrigação commum das directorias e da secção annexa de fiscalisação:

I—O minucioso preparo de notas de seus trabalhos durante o anno, para confecção do relatorio de que trata o § 4º do art. 3º deste regulamento;

II—A guarda e arranjo de papeis referentes aos negocios de cada uma, até serem findos ou prejudicados;

III—As certidões sobre negocios de suas especiaes attribuições;

IV—A matricula dos empregados, mencionadas as datas das nomeações, posses, vencimentos, interrupção de exercicio, penas disciplinares, renuncias, fallecimentos e demais informações;

V—O registro da entrada de todos os papeis;

VI—O extracto do expediente que deva ser publicado;

VII—As notas de despachos que devam ser transcriptas no livro da porta;

VIII—O inventario de moveis, instrumentos e demais objectos;

IX—O preparo da correspondencia a expedir e a colleção organisada da expedida;

X—O preparo de actos concernentes á sancção, promulgação das leis e respectivos regulamentos ou instrucções;

XI—O preparo para propostas de creditos extraordinarios e supplementares;

XII—A expedição de registros dos actos, titulos de nomeação e remoção, demissão e licença dos empregados e outros funccionarios:

XIII Indicar, nos pareceres sobre despesas, a verba do orçamento por onde devam correr e verificar si ella é sufficiente.

Art. 9º. Na fiscalisação geral de que trata a alinea *B*, do art. 7º, compete á secção annexa de fiscalisação:

§ 1º. Fiscalisar, quando ordenado pelo secretario, os serviços mandados fazer pela Secretaria, administrativamente ou por contracto, e dar parecer a respeito;

§ 2º. Fiscalisar, quando ordenado pelo secretario, todas as obras para as quaes o Estado concorrer com auxilio, e dar parecer a respeito;

§ 3º. Collaborar com a directoria de Obras Publicas e Viação, na confecção de projectos e orçamentos de obras a fazer-se, no exame e escolha de material necessario e do local apropriado, ao levantamento de plantas e traçados de estradas e em todas as questões technicas da competencia da referida directoria.

CAPITULO II

DOS FUNCCIONARIOS

SECÇÃO I

Sua nomeação

Art. 10º. O director, o engenheiro-director, o engenheiro-ajudante, os auxiliares technicos e desenhistas, os funccionarios da fiscalisação e o porteiro são de confiança do governo e nomeação do presidente do Estado. O continuo e o servente serão de nomeação do secretario.

Art. 11º. O provimento para os cargos de segundos officiaes será feito por concurso.

§ 1º. Esse concurso será annunciado pelo director da directoria em que se der a vaga e o prazo para a respectiva inscripção será de 20 dias a contar da data da publicação do edital;

§ 2º. Para a admissão ao concurso será preciso que os candidatos provem:

I—idade maior de 18 annos;
II—bom procedimeto moral e civil;
III—capacidade physica;

Art. 12. O concurso versará sobre as seguintes materias:

I—Calligraphia;
II—Linguas nacional e franceza;
III—Arithmetica;
IV—Contabilidade commercial e publica;
V—Geometria plana;
VI—Geographia do Brazil, especialmente do Paraná;
VII—Redacção official.

Art. 13°. A commissão examinadora será composta do director da directoria em que se tenha dado a vaga e de mais tantos examinadores quantos forem necessarios, nomeados pelo secretario.

§ unico. Para examinadores poderão ser nomeados, ou empregados da Secretaria, ou pessoas extranhas a ella, de preferencia lentes do Gymnasio Paranaense e do Instituto Commercial.

Art. 14°. Os candidatos serão examinados cunjunctamente nas mesmas materias.

§ 1°. As provas sobre cada uma dellas serão escriptas, datadas e assignadas pelo candidato e rubricadas pela commissão examinadora.

§ 2°. Além da escripta, haverá tambem uma prova oral sobre cada materia, e outra pratica para as materias que tal exigirem.

§ 3°. O concurso durará tantos dias quantos forem precisos, sendo imprescindivel que a prova escripta seja dada dentro do mesmo dia.

Art. 15°. A commissão classificará os candidatos habilitados conforme o grau de approvação e merecimento de cada um delles.

Art. 16°. Durante os trabalhos do concurso, lavrar-se-ha diariamente uma acta, da qual deverão constar, com clareza e minuciosidade, os trabalhos do dia.

Essas actas serão lavradas por um 2° official designado pelo director.

Art. 17°. Findo o concurso, a commissão enviará ao presidente do Estado, por intermedio do secretario, que dará a respeito o seu parecer, as respectivas provas, nas quaes cada examinador expenderá o seu juizo, bem como copia das actas dos exames.

§ Unico. O presidente do Estado, em vista dos documentos a que se refere este art., e dos que acompanharem os requerimentos dos candidatos, escolherá para a vaga aquelle que melhores aptidões tiver revelado.

Art. 18°. Não se apresentando concurrentes, o presidente do Estado poderá prover a vaga interinamente, devendo-se, porem, no fim de trez mezes, annunciar novo concurso.

Art. 19º. O provimento para os cargos de primeiros officiaes será feito por promoção dentre os segundos officiaes, por ordem de antiguidade ou merecimento.

§ unico. Tanto os primeiros como os segundos officiaes só perderão seus logares em virtude de sentença.

SECÇÃO II

SUAS ATTRIBUIÇÕES E DEVERES

Dos directores e dos chefes da fiscalisação

Art. 20º. Aos directores e aos chefes da fiscalisação compete:

§ 1º. Dirigir e fiscalizar seus subalternos nos trabalhos da secretaria;

§ 2º. Empossar nos respectivos cargos os empregados nomeados, depois que houverem prestado o compromisso legal;

§ 3º. Subscrever os termos de compromisso, bem como os demais termos lavrados na respectiva directoria ou secção de fiscalisação;

§ 4º. Determinar e dirigir a publicação dos respectivos actos officiaes;

§ 5º. Corresponder-se directamente, em nome do secretario, com qualquer autoridade, exceptuados o presidente do Tribunal de Justiça, da Junta Commercial, secretarios de Estado e do Congresso e prefeitos, requisitando os esclarecimentos e informações que forem precisos para instrucção dos negocios da sua competencia;

§ 6º. Authenticar as certidões requeridas pelas partes e as mais que tenham de ser dadas pela respectiva directoria ou secção de fiscalisação;

§ 7º. Examinar se estão conforme ao resolvido e nos devidos termos, os actos, decretos e titulos que tenham de ser expedidos pela respectiva directoria ou secção de fiscalisação;

§ 8º. Justificar, independente de qualquer decumento, até trez faltas por mez, dos empregados seus subordinados;

§ 9º. Abrir, numerar e encerrar todos os livros necessarios aos seus trabalhos;

§ 10º. Preparar ou fazer preparar, instruindo com os necessarios documentos e informações, todos os negocios que tenham de subir ao conhecimento do secretario e decisão do presidente, declarando nos pareceres si concordam ou não com elles, dando sempre o fundamento de sua opinião, toda a vez que divergirem;

§ 11º. Receber e abrir toda a correspondencia e fazer protocollar no livro da porta todos os papeis de interesse particular ou que não venham á secretaria por intermedio de officio; distribuil-os pelas secções e ordenar que sejam processados;

§ 12º. Rever todos os avisos e actos que tiverem de ser assignados pelo secretario ou presidente, corrigindo as faltas, não só quanto á redacção, mas tambem no tocante á sua fidelidade;

§ 13º. Dar ao secretario, verbalmente, ou por escripto, todas as informações que lhe forem ordenadas sobre negocios a seu cargo e executar os trabalhos que por elle lhe forem committidos;

§ 14º. Presidir o ponto dos empregados e encerral-o, pondo as competentes notas;

§ 15º. Propôr ao secretario todas as medidas que lhe pareçam necessarias para o bom andamento do serviço;

§ 16º. Apresentar annualmente ao secretario as notas para o relatorio, acompanhadas de exposição dos negocios respectivos, na qual fundamentarão as medidas que suggerirem em bem do serviço;

§ 17º. Designar o empregado que deva auxiliar o serviço de qualquer secção quando houver affluencia de trabalho, ou sua urgencia assim exija;

§ 18º. Representar ao secretario o que convier sobre execução de contractos para serviços a cargo da secretaria;

§ 19º. Informar ao secretario sobre aptidões, serviços ou faltas de seus subordinados;

§ 20º. Manter a ordem e regularidade do serviço e exercer quaesquer outras attribuições que por lei já lhes sejam conferidas e que não forem contrarias ás do presente regulamento.

DOS ENGENHEIROS-AJUDANTES

Art. 21º. Aos engenheiros-ajudantes compete:

§ 1º. Dirigir e fiscalisar seus subalternos nos trabalhos da secretaria;

§ 2º. Auxiliar o engenheiro-director nas suas obrigações.

DOS AUXILIARES TECHNICOS

Art. 22º. Além das attribuições que lhes são inherentes, compete-lhes:

§ 1º. Organisar os projectos de obras a se executar;

§ 2º. Dirigir a execução das que se fizerem administrativamente;

§ 3º. Inspeccionar e fiscalisar as obras a se executar;

§ 4º. Inspeccionar as obras para as quaes o governo concorra com auxilio;

§ 5º. Apontar as modificações de que carecerem os projectos em execução a seu cargo, indicando os meios de leval-os a effeito;

§ 6º. Examinar os edificios pertencentes ao Estado, organizando plantas e orçamentos dos reparos que forem precisos;

§ 7º. Communicar ao ajudante as infracções de contractos para que este leve ao conhecimento do director e pelo secretario sejam impostas as penas nelles estipuladas;

§ 8º. Requisitar das autoridades os auxilios de que precisarem para que não sejam perturbados na execução de seus trabalhos;

§ 9º. Examinar as obras feitas por administração e dar parecer declarando si estão exactas ou não;

§ 10º. Apresentar ao ajudante para que este, por intermedio do director, os faça chegar ás mãos do secretario, relatorios circumstanciados dos trabalhos que estiverem a seu cargo, especificando:

I—O andamento que tiver tido cada uma das obras em execução, especialmente as que dirigir por administração; o seu estado e o quanto falta para sua conclusão;

II.—O estado das vias de communicação mais importantes, com indicação dos reparos ou melhoramentos que carecerem;

III. –O exame de obras, o levantamento de plantas, os nivelamentos, os trabalhos de exploração, viagens feitas para os fins do numero antecedente e quaesquer outros serviços em que tiver se occupado no espaço de quatro mezes;

Taes relatorios deverão ser acompanhados de mappas que indicarão, resumidamente, o objecto de cada uma das obras recebidas, durante o trimestre antecedente, com declaração das que deixarem de ser cumpridas e das causas que isto motivaram.

Art. 23º. Os auxiliares que forem incumbidos de trabalhos de campo poderão fazer as despezas necessarias com o pessoal indispensavel para os coadjuvar, remettendo férias documentadas á directoria.

As férias deverão ser acompanhadas de uma exposição minuciosa do trabalho feito.

DOS PRIMEIROS OFFICIAES

Art. 24º. Aos primeiros officiaes compete:

§ 1º. Estudar, examinar e interpor parecer, datado e assignado nos papeis que lhes forem distribuidos, sobre negocios peculiares de suas secções. Nos pareceres deverão expôr o negocio de que se trate, o seu historico, conforme as notas e mais informações que lhes possam chegar ao conhecimento, bem como a legislação que deva regular a hypothese.

Nesses trabalhos serão auxiliados pelos demais empregados da secção, sendo, entretanto, tão sómente os primeiros officiaes responsaveis pela exactidão dos pareceres e informações;

§ 2º. Dirigir, examinar e promover todos os trabalhos de suas secções, distribuindo o serviço pelos seus subordinados e os fiscalisando no cumprimento de deveres e funcções, em ordem a conseguir a pontualidade e nitidez necessarias aos trabalhos das repartições publicas;

§ 3º. Fazer ou mandar fazer as matriculas dos empregados seus subordinados e mais funccionarios cujos negocios sejam de competencia da secção, observando com taes matriculas o disposto no art. 8º n. IV;

§ 4º. Mandar archivar, devidamente classificados, os papeis de processo findo;

§ 5º. Redigir todos os actos e officios, deixando minutas para encadernar e archivar;

§ 6º. Admoestar os empregados subalternos da secção e participar ao director faltas pelas quaes mereçam correcção mais severa;

§ 7º. Manter nas secções a policia da Secretaria, impedindo que sejam perturbados o silencio e a ordem;

§ 8º. Lançar os despachos que forem proferidos nos negocios de suas secções e numerar os officios por ellas expedidos;

§ 9º. Authenticar as copias e mais papeis que exigirem esta formalidade;

§ 10º. Organisar e apresentar ao director as notas para confecção do relatorio do secretario, instruindo-as com seu parecer, no qual poderão propôr medidas que forem reclamadas ou aconselhadas pela pratica;

§ 11º. Fazer ou mandar fazer o extracto do expediente para a publicação.

DOS DESENHISTAS

Art. 25º. Os desenhistas se occuparão de todos os desenhos e copias que lhes forem ordenados pelo engenheiro-director, sob a immediata instrucção do ajudante.

§ unico. Poderão ser utilisados em outros seviços inherentes á secção de que fazem parte, quando assim for necessario.

DOS SEGUNDOS OFFICIAES.

Art. 26º. Aos segundos officiaes incumbe executar com zelo todos os trabalhos que lhes forem distribuidos pelos primeiros officiaes.

Elles são responsaveis, no desempenho desses trabalhos, pela regularidade do serviço e pela exactidão das informações que prestarem.

DO ARCHIVISTA.

Art. 27º. O archivista tem a categoria de segundo official, e compete-lhe:

§ 1º. Conservar em ordem e boa guarda o archivo da secretaria;

§ 2º. Ter um indice geral do archivo, organisado de modo a tornar facil e prompta a busca de qualquer papel;

§ 3º. Ter um livro especial de carga onde sejam lançados os papeis que entrarem para o archivo.

A não ser em casos especiaes, permittido por lei e em virtude de despacho do secretario, nenhum papel poderá sahir do archivo. Todavia poderão ser tiradas certidões de quaesquer papeis ou documentos, quando requeridas pelos interessados e mandadas passar pelo secretario.

O archivista é responsavel pela falta de qualquer papel pertencente ao archivo.

DO PORTEIRO.

Art. 28º. Ao porteiro são directamente subordinados o continuo e o servente.

Incumbe-lhe:

§ 1º. Abrir a secretaria meia hora antes de começarem os trabalhos e fechal-a ao terminarem estes, sendo responsavel pela guarda e conservação dos objectos da repartição.

Alem dos dias de serviço ordinario, é obrigado a abrir a secretaria todas as vezes que, por ordem do secretario, lhe determine o director;

§ 2º. Cuidar do asseio e prover as mesas dos objectos necessarios ao serviço;

§ 3º. Assignar carga dos objectos comprados para o expediente;

§ 4º. Receber a correspondencia, fazendo della entrega ao director;

§ 5º. Fechar a correspondencia official, sob a inspecção dos primeiros officiaes e dos respectivos directores;

§ 6º. Registrar no livro da porta todos os requerimentos, fazendo um resumo succinto do ebjecto principal delles;

§ 7º. Determinar e inspeccionar o serviço do continuo e do servente;

§ 8º. Manter a ordem e o respeito entre as pessoas que se acharem fóra dos reposteiros;

§ 9º. Fazer as despezas miudas da secretaria, devidamente autorisadas pelo director, a quem prestará contas no fim de todos os mezes.

Art. 29º. O porteiro em suas faltas será substituido pelo continuo.

DO CONTINUO.

Art. 30º. O continuo deverá comparecer á secretaria a mesma hora que o porteiro, e compete-lhe:

§ 1º. Auxiliar o porteiro na limpeza, conservação e arranjo da secretaria;

§ 2º. Servir no expediente as directorias, a fiscalisação e as secções;

§ 3º. Auxiliar os empregados na collocação e arranjo dos papeis e livros remettidos ao archivo.

SECÇÃO III

SEUS VENCIMENTOS E VANTAGENS.

Art. 31º. Os vencimentos dos empregados da secretaria são os fixados na tabella annexa ao presente regulamento.

Art. 32º. Os empregados que faltarem ao serviço soffrerão perda total de vencimentos, ou desconto, conforme a regra seguinte:

1º. O que faltar por motivo justificado perderá sómente a gratificação.

São motivos justificados: .

I—Molestia;

II—Nojo;

III—Gala de casamento;

Por motivo de nojo são justificadas, as faltas do seguinte modo:

a) por morte dos paes, avós e mulheres, 8 dias;
b) por morte de tios, irmãos e cunhados 3 dias;
c) por morte de sogro, sogra, genro e nora, 3 dias;
d) por morte de descendentes puberes, 8 dias.

§ 2º. Serão provadas com attestado medico as faltas por molestia que excedam de 3 por mez.

§ 3º. Não são consideradas justificaveis as faltas provenientes de desempenho de serviço não obrigatorio.

§ 4º. Ao empregado que comparecer depois de encerrado o ponto, mas dentro da hora que se seguir á fixada para o principio dos trabalhos, justificando a demora, ou retirar-se com permissão do director, uma hora antes de findo o expediente, se descontará sómente metade da gratificação.

§ 5º. O que comparecer mais tarde, embora justifique a demora, ou retirar-se mais cedo, perderá a gratificação.

§ 6º. O comparecimento depois de encerrado o ponto, sem motivo justificado, e a sahida sem permissão antes de findar o expediente, importa a perda de todo o vencimento.

§ 7º. O desconto por faltas interpoladas. recahirá sómente nos dias em que ellas se derem; mas si as faltas forem successivas, o desconto se estenderá tambem aos dias que, não sendo de serviço, ficarem comprehendidos no periodo das faltas.

§ 8º. Perdem a gratificação e metade do ordenado no caso de suspensão por effeito de pronuncia em crime de responsabilidade, recebendo a outra metade do ordenado, dada a absolvição. Perdem a gratificação durante a suspensão preventiva.

§ 9º. Perdem todo o vencimento no caso de suspensão disciplinar, durante o tempo desta e de pronuncia em crime commum durante o effeito della.

§ 10º. Nenhum desconto, porém, se fará ao empregado que não comparecer á hora marcada, ou não assignar o ponto :

I—Emquanto estiver em serviço da repartição, fóra della ;

II--Quando for sorteado jurado, durante o tempo em que fizer parte do tribunal do jury ;

III—Nos dias em que tiver de votar, se fôr eleitor ;

Em todos os casos do § antecedente se deverá fazer a devida annotação no livro competente.

§ 11º. Os empregados interinos só têm direito aos vencimentos integraes durante o tempo em que effectivamente exercerem os logares, excluindo o de licença, molestia, nojo, gala de casamento, bem como todo e qualquer impedimento por motivo de serviço publico.

As disposições da presente secção não são applicaveis ao secretario.

SECÇÃO IV

DAS SUAS SUBSTITUIÇÕES

Art. 33º. Em suas faltas ou impedimentos serão substituidos :

§ 1º. O secretario por quem for interinamente nomeado pelo presidente e, na falta dessa nomeação, successivamente pelo director de Terras e Colonisação e pelo de Obras e Viação.

§ 2º. O director de Terras e Colonisação pelo 1º official da secção de Terras e, na falta deste pelo da secção de Colonisação ;

§ 3º. O director de Obras e Viação pelo seu ajudante e successivamente pelos auxiliares technicos de 1ª classe da 1ª e 2ª secção;

§ 4º. Os primeiros officiaes pelos segundos ;

§ 5º. Os segundos officiaes pelo porteiro e este pelo continuo ;

§ 6º. Na secção de Fiscalisação, o fiscal por seu ajudante ou auxiliar ; e o ajudante pelo auxiliar.

Art. 34º. Os empregados acima e demais funccionarios dependentes da Secretaria, que substituirem outros, perceberão os seus proprios vencimentos e mais as gratificações que perderem os substituidos, com tanto que em caso algum excedam aos vencimentos integraes destes.

§ unico. Quando os substituidos por motivo justo conservarem todos os seus vencimentos, as gratificações serão pagas ao substituto pela verba «Eventuaes».

Art. 35º. Reputar-se-á, unicamente, substituição o exercicio interino do emprego, cujas funcções forem diversas das que ao empregado substituto competirem no seu proprio lugar.

CAPITULO IV

DAS LICENÇAS

Art. 36º. As licenças dos empregados serão dadas pelo presidente do Estado, até 6 mezes, e reguladas do modo seguinte :

1º. No caso de molestia provada com attestado medico, perceberão os ordenados, si a licença não exceder de trez mezes.

2º. Sendo a licença concedida por qualquer outro motivo, não perceberá o empregado vencimento algum.

3º. No caso de licença, não se accumularão ordenado e gratificação, salvo disposição legislativa especial.

Art. 37º. As licenças devem contar-se da data do *Cumpra-se* do chefe da repartição.

§ unico. O prazo para a apresentação dos titulos será de 30 dias contados da data da concessão.

Art. 38º. Depois do *Cumpra-se* não poderá o empregado continuar em exercicio, salvo si renunciar a licença.

Art. 39º. O sello por ellas devido tem de ser pago antes do *Cumpra-se* do chefe da repartição.

Art. 40º. As concedidas ao chefe da repartição não estão sujeitas ao *Cumpra-se*, devendo começar a vigorar quando apresentadas para esse fim dentro do prazo do § unico do art. 36.

Art. 41º. Ficarão sem effeito as licenças que não se começarem a gozar dentro do prazo referido no artigo acima.

Art. 42º. As licenças com ordenado só aproveitam aos funccionarios effectivos.

Art. 43º. Os pedidos de licença devem ser acompanhados de informação em que os primeiros officiaes ou o director declararão, claramente, sua opinião sobre o concessão della.

Art. 44º. Só podem ser concedidas novas licenças depois de decorrido um anno do termo da ultima, salvo o caso de molestia grave.

Art. 45º. O secretario será competente para conceder licença aos funccionarios de sua nomeação e de 15 dias aos de nomeação do presidente do Estado.

CAPITULO V

DAS PENAS

Art. 46º. Os empregados, nos casos de negligencia, desobediencia, ou falta de cumprimento de deveres, incorrerão nas seguintes penas disciplinares:

I—advertencia;

II—reprehensão verbal ou escripta, conforme a gravidade da falta;

III—suspensão por 8 a 15 dias;

IV—suspensão por 1 a 3 mezes.

Art. 47º. Estas penas serão impostas:

§ 1º. Pelo presidente do Estado, todas;

§ 2º. Pelo secretario as de que tratam os numeros I, II e III do artigo antecedente;

§ 3º. Pelos directores as de que tratam os numeros I e II do mesmo artigo;

§ 4º. Pelos primeiros officiaes e ajudante, a de que trata o numero I.

Art. 48º. A suspensão disciplinar importa a perda de todos os vencimentos.

Art. 49º. A imposição de qualquer destas penas não derime a acção criminal nos casos puniveis pelo codigo.

Art. 50º. As penas de que trata o presente capitulo não são applicaveis ao secretario.

CAPITULO VI

DO PONTO, DA ORDEM E PROCESSO DO SERVIÇO

Art. 51º. Haverá na secretaria tres livros de ponto, nos quaes os empregados assignarão seus nomes ás horas marcadas para começar e findar os trabalhos, sendo encerrados pelos directores ás 10 1|2 horas do dia.

Art. 52º. Um quarto de hora antes de findar o expediente, os directores mandarão abrir os livros do ponto para serem assignados pelos empregados a sahida da repartição.

Art. 53º. Nenhum empregado, depois de haver assignado o ponto, poderá ausentar-se sem licença do respectivo director ou do secretario, sob pena de perder a gratificação.

Art. 54º. Cada director mencionará, após o encerramento, os comparecimentos tardios e as retiradas antes de findar o expediente, declarando a hora exacta para effectuar-se o desconto dos vencimentos.

Art. 55º. As penas impostas aos empregados, uma vez que importem em perda e desconto de vencimentos, serão notadas no livro do ponto.

Art. 56º. São isentos do ponto o secretario e os directores.

Art. 57º. Os funccionarios da secção annexa de fiscalização ficam igualmente isentos do ponto, devendo, todavia, conservar-se na repartição, durante as horas do expediente desta, sempre que não estejam em serviço externo.

Art. 58º. Todos os negocios que disserem respeito á secretaria serão endereçados ou requeridos ao presidente do Estado por intermedio do secretario de Obras Publicas e serão recebidos na Secreteria por via official, ou por meio de requerimentos ou representações entregues ao porteiro.

E' expressamente prohibido a qualquer outro funccionario receber os papeis a que se refere esse artigo.

Art. 59º. Entregues pelo porteiro ao director respectivo, este os fará processar de accordo com as prescripções deste regulamento; e assim processados, os fará subir ao secretario, que os apresentará a despacho do presidente, se não estiver em suas attribuições resolvel-os.

CAPITULO VII

DISPOSIÇÕES GERAES

Art. 60º. Os auxiliares technicos e desenhistas continuarão a perceber a diaria de 5$000, além de seus vencimentos, quando em serviço fóra da Capital.

Art. 61º. E' prohibida a admissão de collaboradores, quer gratuitos, quer remunerados.

Art. 62º. As notas relativas a qualquer pena imposta por falta de que o empregado se justifique cabalmente serão cancelladas no livro de matricula á que se refere o n. IV do art. 8º, por ordem do presidente do Estado ou do secretario, nos casos do § 3º do art. 46.

Art. 63º. Nenhum empregado poderá ser procurador de partes em negocio que directa ou indirectamente dependa da repartição.

Art. 64º. Todos os empregados são obrigados a tratar as partes com urbanidade, aviando-as com promptidão e sem dependencia ou predilecções odiosas.

A parte maltratada, ou que se julgar aggravada ou preterida no seu direito, poderá queixar-se verbalmente ao secretario, o qual, ouvindo o empregado arguido, e reconhecida a justiça da queixa, dará a devida satisfação, advirtindo, reprehendendo, ou suspendendo o empregado, conforme o caso pedir.

Art. 65º. E' prohibido a todo empregado :

1º. Tirar ou levar comsigo qualquer papel pertencente ao archivo, ou em exame nas secções ou mezas ;

2º. Entreter-se em conversação, durante o expediente, com outro empregado, com as partes ou pessoas extranhas, sobre negocio que não seja relativo ao mesmo expediente, ou ao trabalho de que estiver incumbido ;

3º. Altercar com as partes.

Art. 66º. Os requerimentos despachados não poderão ser entregues ás partes. Os documentos, porem, quando os requerimentos forem indeferidos, poderão ser entregues mediante recibo, e quando tiverem tido despacho favoravel, só poderão ser restituidos ficando certidão paga pela parte, exceptuando-se os diplomas, patentes, titulos e fés de officio, que poderão ser entregues mediante recibo.

Em qualquer dos casos serão carimbados antes da restituição.

Art. 67º. Continuam em vigor as disposições dos anteriores regulamentos da Secretaria, que não forem contrarias ás do presente.

Art. 68º. Continúa a ser feito na Secretaria o registro dos titulos dos engenheiros civis, de minas, geographos, agrimensores e bachareis em mathematicas, nacionaes e estrangeiros.

§ unico. Não poderão exercer funcções publicas do Estado, que devam ser preenchidas por profissional, aquelles que nao registrarem seus titulos na Secretaria.

Art. 69º. Revogam-se as disposições em contrario.

Secretaria do Estado dos Negocios de Obras Publicas e Colonisação, em 4 de Abril de 1905.

JOAQUIM P. P. CHICHORRO JUNIOR.

Decreto n. 124—de 4 de Abril de 1905

O Presidente do Estado do Paraná, usando da autorisação que lhe confere o art. 1º da lei n. 589, de 20 de Março ultimo, resolve nomear para exercerem os cargos de prefeitos dos municipios abaixo nomeados :

Municipio de Curityba—Coronel Luiz Xavier.

Municipio de Paranaguá—Coronel Theodorico Julio dos Santos.

Municipio de Antonina—Coronel Theophilo Soares Gomes.

Municipio de Ponta Grossa—Coronel Ernesto Guimarães Villela.

Municipio de U. da Victoria—Capitão Pedro Alexandrino Franklin.

Municipio do Rio Negro—Antonio José Correia.

Palacio da Presidencia do Estado do Paraná, em 4 de Abril de 1905.

VICENTE MACHADO DA SILVA LIMA

BENTO JOSÉ LAMENHA LINS

Decreto n. 125—de 4 de Abril de 1905

O Presidente do Estado do Paraná, attendendo ao que requereu o cidadão Urbano José de Gracia, tabellião de notas e mais annexos do termo de S. João do Triumpho, comarca da Palmeira, resolve acceitar a desistencia que pedio desses officios.

Palacio da Presidencia do Estado do Paraná, em 4 de Abril de 1905.

VICENTE MACHADO DA SILVA LIMA.

BENTO JOSÉ LAMENHA LINS.

Decreto n. 131—de 6 de Abril de 1905

O Presidente do Estado do Paraná nomeia, de accordo com a lei n. 588, de 20 de Março findo, o cidadão Dario Odorico do Brazil Cordeiro, para exercer vitaliciamente o officio de segundo tabellião do publico, judicial e notas e a elle annexas as escrivanias de orphãos, auzentes e provedoria, civel e commercial do termo de S. João do Triumpho, comarca da Palmeira.

Expeça-se-lhe o competente titulo para os fins de direito.

Palacio da Presidencia do Estado do Paraná, em 6 de Abril de 1905.

VICENTE MACHADO DA SILVA LIMA.

BENTO JOSÉ LAMENHA LINS.

Decreto n. 132—de 6 de Abril de 1905

O Presidente do Estado do Paraná nomeia, de accordo com a lei n. 589, de 20 de Março findo, o cidadão Moysés Ribeiro de Andrade para exercer vitaliciamente os officios de segundo tabellião do publico, judicial e notas e a elle annexas as escrivanias de orphãos, ausentes e provedoria do termo de Paranaguá.

Expeça-se-lhe o competente titulo para os fins devidos.

Palacio da Presidencia do Estado do Paraná, em 6 de Abril de 1905.

VICENTE MACHADO DA SILVA LIMA.

BENTO JOSÉ LAMENHA LINS.

Decreto n. 134—de 7 de Abril de 1905

O Presidente do Estado do Paraná, usando da attribuição que lhe confere o art. 15 da reforma da Constituição e em homenagem ao anniversario da promulgação da Constituição do Estado, resolve conceder aos réus Francisco Toesck, Martin Roncowisky, Alexandre Ivonosky, Antonio Ivonosky, João Inchensvy, Edmundo Chopiensty, João Simon e João Dominsky, perdão do resto da pena de oito mezes e vinte e dois dias á que foram condemnados em virtude de sentença proferida pelo dr. juiz de direito da comarca de S. José dos Pinhaes, em 1º de Junho de 1904.—Communique-se.

Palacio da Presidencia do Estado do Paraná, em 7 de Abril de 1905.

VICENTE MACHADO DA SILVA LIMA.

BENTO JOSÉ LAMENHA LINS.

Decreto n. 142—de 12 de Abril de 1905

O Presidente do Estado do Paraná, em observancia do art. 4º das «Disposições permanentes» da lei n. 611, de 6 de Abril de 1905, tendo em vista a proposta do sr. thezoureiro do Estado, nomeia o cidadão Agostinho Ribeiro de Macedo Filho, para exercer o cargo de fiel do thesoureiro do Estado.

Palacio da Presidencia do Estado do Paraná, em 12 de Abril de1905.

VICENTE MACHADO DA SILVA LIMA.

JOAQUIM P. P. CHICHORRO JUNIOR.

Decreto n. 143—de 12 de Abril de 1905

O Presidente do Estado do Paraná, sob proposta do secretario de Estado dos Negocios de Obras Publicas e Colonisação, determina que passe a exercer o cargo de archivista da respectiva Secretaria o 2º official da directoria de Obras e Viação, Augusto Cezar Espinola, occupando este logar o actual archivista, Ignacio de Almeida Faria.

Palacio da Presidencia do Estado do Paraná, em 12 de Abril de 1905.

VICENTE MACHADO DA SILVA LIMA.

FRANCISCO GUTIERREZ BELTRÃO.

Decreto n. 154—de 17 de Abril de 1905

O Presidente do Estado do Paraná, usando da autorisação que lhe confere o art. 1º da lei n. 589, de 20 de Março ultimo, resolve nomear para exercerem os cargos de prefeitos dos municipios abaixo mencionados os seguintes cidadãos:

Municipio do Tibagy—José Borges de Almeida Taques.

Municipio do Colombo—Coronel João Gualberto Bittencourt.

Municipio da Palmeira—Coronel Manoel Pires de Araujo Vida.

Municipio do Serro Azul—Guilherme Straube.

Municipio de Entre Rios—Estevam Ribeiro de Almeida.

Municipio de Palmas—Augusto de Souza Guimarães.

Palacio da Presidencia do Estado do Paraná, em 17 de Abril de 1905.

VICENTE MACHADO DA SILVA LIMA.

Bento José Lamenha Lins.

Decreto n. 162—de 19 de Abril de 1905

O Presidente do Estado do Paraná, usando da autorisação que lhe confere o art. 1º. da lei n. 589, de 20 de Março ultimo, resolve nomear para exercerem os cargos de prefeitos dos municipios abaixo mencionados os seguintes cidadãos:

Municipio de Guarapuava—Francisco Caetano do Amaral.

Municipio de Castro—coronel Olegario Rodrigues de Macedo.

Municipio de Deodoro—João Franco de Oliveira.

Municipio de Jaguariahyva—Pedro Xavier da Silva

Municipio de Porto de Cima—Manoel Marques Pereira da Silva.

Municipio de Votuverava—Manoel da Silva Müller.

Palacio da Presidencia do Estado do Paraná, em 19 de Abril de 1905.

VICENTE MACHADO DA SILVA LIMA.

Bento José Lamenha Lins.

Decreto n. 163—de 19 de Abril de 1905

O Presidente do Estado do Paraná, attendendo ao que requereu o bacharel João Baptista da Costa Carvalho Filho, juiz de direito da comarca de Castro, e usando da attribuição que lhe confere a lei n. 599, de 28 de Março findo, resolve consideral-o em commissão e fóra do exercicio de seu cargo, sem prejuizo de seus ordenados e mais vantagens asseguradas por lei aos magistrados effectivos, para o fim de desempenhar-se do encargo da organisação do projecto do Codigo do Processo Criminal do Estado, marcando-lhe o prazo de dez mezes a contar d'esta data para apresentar ao governo o mencionado projecto, conforme tambem requereu.

Palacio da Presidencia do Estado do Paraná, em 19 de Abril de 1905.

VICENTE MACHADO DA SILVA LIMA.

BENTO JOSÉ LAMENHA LINS.

Decreto n. 164—de 21 de Abril de 1905

O Presidente do Estado do Paraná, usando da attribuição que lhe confere o art. 15 da reforma da Constituição e em commemoração do supplicio de Tiradentes, resolve perdoar as praças do Regimento de Segurança, por crime de 1ª e 2ª deserção simples e aggravadas, sentenciadas e por sentenciar e as que se apresentarem dentro do praso de 2 mezes.

Palacio da Presidencia do Estado do Paraná, em 21 de Abril de 1905.

VICENTE MACHADO DA SILVA LIMA.

BENTO JOSÉ LAMENHA LINS.

Decreto n. 165—de 21 de Abril de 1905

O Presidente do Estado do Paraná, usando da autorisação que lhe confere o art. 15 da reforma da Constituição e em commemoração da Paixão de Christo Redemptor, resolve perdoar o resto da pena de 7 annos de prisão a que foi condemnado pelo jury da cidade de Ponta Grossa, em 23 de Março de 1900, o réu João Moreira de Sant'Anna, preso desde 18 de Dezembro de 1898.

Palacio da Presidencia do Estado do Paraná, em 21 de Abril de 1905.

VICENTE MACHADO DA SILVA LIMA.

Bento José Lamenha Lins.

Decreto n. 166—de 21 de Abril de 1905

O Presidente do Estado do Paraná, usando da autorisação que lhe confere o art. 1º da lei n. 589, de 20 de Março ultimo, resolve nomear para exercer o cargo de prefeito de Guarakessaba o cidadão Albino Manoel Domingues.

Palacio da Presidencia do Estado do Paraná, em 21 de Abril de 1905.

VICENTE MACHADO DA SILVA LIMA.

Bento Jose' Lamenha Lins.

Decreto n. 167—de 22 de Abril de 1905

O Presidente do Estado do Paraná, tendo examinado os documentos relativos ao concurso para o provimento do officio de 1º escrivão do crime e das execuções criminaes desta Capital, effectuado em 1º de Março proximo findo, e,

Considerando: que a lei da reforma judiciaria n. 322, de 8 de Maio de 1899, determina, em seu art. 152, que o provimento, exercicio, substituições e attribuições dos officios de justiça continuarão a ser regulados pelas disposições do dec. n. 9420, de 28 de Abril de 1885;

Considerando ainda: que o art. 206 desse dec. estatue que os exames de portuguez e arithmetica nunca poderão ser prestados perante commissões designadas pelo inspector ou director de instrucção publica,—*si os mesmos tiverem de ser feitos na Corte e nas Capitaes das Provincias*;

Considerando mais: que pelos documentos exhibidos pelos candidatos, verifica-se não ter sido observada esta ultima disposição relativamente a qualquer d'elles;

Considerando, finalmente, que a falta de observancia das disposições do referido regulamento prejudica os candidatos a ponto de não serem contemplados no concurso, conforme as expressões do art. 212 do mesmo regulamento, resolve annullar o concurso realisado a 1º de Março de 1905, para provimento do officio de 1º escrivão do crime e das execuções criminaes do termo de Curityba.

Façam-se as devidas communicações.

Palacio da Presidencia do Estado do Paraná, em 22 de Abril de 1905.

VICENTE MACHADO DA SILVA LIMA.

Bento José Lamenha Lins.

Decreto n. 170—de 24 de Abril de 1905

O Presidente do Estado do Paranà, usando da autorisação que lhe confere o art. 1º da lei n. 589, de 20 de Março ultimo, resolve nomear para exercer o cargo de prefeito de Guaratuba o cidadão Guilherme de Bastos Pequeno.

Palacio da Presidencia do Estado do Paraná, em 24 de Abril de 1905.

VICENTE MACHADO DA SILVA LIMA.

Bento José Lamenha Lins.

Decreto n. 175—de 25 de Abril de 1905

O Presidente do Estado do Paraná, usando da autorisação contida no art. 6º da lei n. 589, de 20 de Março deste anno, decreta :

Art. 1º. Ficam fixadas nas importancias constantes da tabella annexa os vencimentos de cada um dos prefeitos municipaes, na mesma tabella designados.

Art. 2º. Esses vencimentos são divididos em ordenado e gratificação, sendo considerados dois terços como ordenado e um terço como gratificação.

Art. 3º. Quando dispensado os vencimentos dos prefeitos municipaes, pelos que exercerem taes cargos, as respectivas importancias serão levadas a conta da verba «Obras publicas em geral» do respectivo orçamento, salvo si os prefeitos quizerem destinal-as a determinados melhoramentos.

Art. 4º. Revogam-se as disposições em contrario.

TABELLA

VENCIMENTO DOS PREFEITOS:

Curityba	10:000$000
Paranaguá	6:000$000
Antonina	5:600$000
Ponta Grossa	3:600$000
Guarapuava	2:400$000
Lapa	1:800$000
Tibagy	1:800$000
Morretes	1:800$000
Castro	1:700$000
Palmeira	1:600$000
Rio Negro	1:600$000
S. José dos Pinhaes	1:400$000
S. José da Boa Vista	1:000$000
Araucaria	800$000
S. João do Triumpho	800$000
S.to Antonio do Imbituva	700$000
Jacarézinho	700$000
Campo Largo	600$000
Deodoro	600$000
Conchas	600$000
Guarakessaba	600$000
Palmas	600$000
Thomazina	600$000
Jaguariahyva	500$000
Bella Vista de Palmas	500$000
Ypiranga	500$000
Serro Azul	500$000
Bocayuva	400$000
Campina Grande	400$000
Porto de Cima	400$000
União da Victoria	400$000
Guaratuba	360$000
Pirahy	300$000

Entre Rios	300$000
Colombo	300$000
Assunguy de Cima	140$000
Tamandaré	140$000
Votuverava	140$000

Palacio da Presidencia do Estado do Paraná, em 25 de Abril de 1905.

VICENTE MACHADO DA SILVA LIMA.

Bento José Lamenha Lins.

Decreto n. 179—de 27 de Abril de 1905

O Presidente do Estado do Paraná, tendo examinado os documentos referentes ao concurso realisado em 9 do corrente para provimento do officio de escrivão districtal da colonia Rio Claro, e considerando:

1º. que não figura entre elles a informação do juiz sobre o merecimento intellectual e moral do requerente, como determina o art. 162 do decreto n. 9420, de 28 de Abril de 1885;

2º. que o exame de sufficiencia foi attestado por uma certidão, quando o art. 211 do referido decreto exige a exhibição do auto original;

3º. que o exame de portuguez, prestado em 1903 pelo requerente quando pretendia o officio de tabellião do termo da União da Victoria não póde prevalecer para este concurso, resolve annullar o concurso effectuado a 9 do corrente para o provimento do officio de escrivão districtal da colonia Rio Claro.

Palacio da Presidencia do Estado do Paraná, em 27 de Abril de 1905.

VICENTE MACHADO DA SILVA LIMA

Bento José Lamenha Lins.

Decreto n. 185—de 28 de Abril de 1905

O Presidente do Estado do Paraná, usando da autorisação que lhe confere o art. 1º da lei n. 589, de 20 de Março ultimo, resolve nomear para exercerem os cargos de prefeitos dos municipios abaixo mencionados, os seguintes cidadãos:

Municipio de S. José dos Pinhaes—Luiz Victorino Ordine.

Municipio da Campina Grande—Olegario Vieira Belem.

Municipio do Ipiranga—Polydoro Manoel Fernandes.

Municipio de Araucaria—Eduardo dos Santos Müller.

Palacio da Presidencia do Estado do Paraná, em 28 de Abril de 1905.

VICENTE MACHADO DA SILVA LIMA.

BENTO JOSÉ LAMENHA LINS.

Decreto n. 188—de 29 de Abril de 1905

O Presidente do Estado do Paraná, usando da autorisação que lhe confere o art. 1º da lei n. 589, de 20 de Março ultimo, resolve nomear para assumirem os cargos de prefeitos dos municipios abaixo mencionados, os seguintes cidadãos:

Municipio do Assunguy de Cima—França Mathias.

Municipio do Pirahy—Joaquim Nunes Moreira.

Municipio de Campo Largo—Emmingo Angelo.

Municipio de Bocayuva—Gabriel R. Cordeiro Netto.

Municipio de Conchas—Possidonio da Cunha Santos.

Municipio de Bella Vista de Palmas—Sansão Antonio Carneiro.

Municipio de Jacarézinho—Annibal de Almeida Brazil.

Municipio de Tamandaré—Antonio Candido de Siqueira.

Municipio do Espirito Santo do Itararé—Coronel Joaquim Ribeiro Gomes.

Palacio da Presidencia do Estado do Paraná, em 29 de Abril de 1905.

VICENTE MACHADO DA SILVA LIMA.

BENTO JOSÉ LAMENHA LINS.

Decreto n. 189—de 29 de Abril de 1905

O Presidente do Estado do Paraná, usando da autorisação contida no art. 9º da lei n. 589, de 20 de Março deste anno, e tendo em vista que os vencimentos do prefeito de Espirito Santo do Itararé não figuram na tabella constante do decreto n. 175, de 24 do corrente mez, resolve fixar em 400$000 annuaes os referidos vencimentos.

Palacio da Presidencia do Estado do Paraná, em 29 de Abril de 1905.

VICENTE MACHADO DA SILVA LIMA.

Bento José Lamenha Lins.

Decreto n. 192—de 5 de Maio de 1905

O 1º Vice-Presidente do Estado do Paraná, resolve marcar o dia 4 de Junho vindouro para se proceder á eleição de juizes districtaes do districto judiciario do Pihem, creado pela Camara Municipal da cidade do Rio Negro.

Palacio da Presidencia do Estado do Paraná, em 5 de Maio de 1905.

JOÃO CANDIDO FERREIRA.

Bento José Lamenha Lins.

Decreto n. 199—de 11 de Maio de 1905

O 1º Vice-Presidente do Estado do Paraná, attendendo á urgente necessidade de promover a equiparação do curso do Gymnasio Paranaense ao do Gymnasio Nacional, e considerando: que para tal fim torna-se indispensavel satisfazer as disposições do art. 366, do dec. do governo federal n. 3890, de 1º de Janeiro de 1901, e considerando mais que o actual orçamento e tambem o proximo vindouro não cogitaram das despezas resultantes da satisfação das exigencias alludidas, resolve abrir um credito extraordinario na importancia de quatro contos de réis para os fins acima especificados.

Palacio da Presidencia do Estado do Paraná, em 11 de Maio de 1905.

JOÃO CANDIDO FERREIRA.

Bento José Lamenha Lins.

Decreto n. 203—de 13 de Maio de 1905

O 1º Vice-Presidente do Estado do Paraná, usando da faculdade que lhe confere o art. 15 da Reforma da Constituição e em homenagem á data de hoje, resolve conceder ao réu Francisco José da Silva, perdão do resto da pena a que foi condemnado em virtude de sentença proferida pelo dr. juiz de direito da comarca de Paranaguá.

Palacio da Presidencia do Estado do Paraná, em 13 de Maio de 1905.

JOÃO CANDIDO FERREIRA.

Bento José Lamenha Lins.

Decreto n. 209—de 19 de Maio de 1905

O 1º Vice-Presidente do Estado do Paraná, usando da attribuição que lhe confere o art. 15 da Reforma da Constituição, e attendendo a que o pedido de perdão solicitado pelo soldado do Regimento de Segurança, Firmino Bueno de Sampaio, condemnado a 2 annos e meio de prisão, dos quaes já cumpriu cerca de metade, foi-lhe apresentado por intermedio do exmo. sr. ministro plenipotenciario de Portugal, no Brazil, em sua recente viagem ao Paraná, resolve conceder ao referido soldado o perdão do resto da pena á que foi condemnado.

Palacio da Presidencia do Estado do Paraná, em 19 de Maio de 1905.

JOÃO CANDIDO FERREIRA.

Bento José Lamenha Lins.

Decreto n. 225—de 2 de Junho de 1905

O 1º Vice-Presidente do Estado do Paraná, attendendo a que o cidadão Urbano Gracia Filho habilitou-se em concurso, para exercer o officio de escrivão do juizo districtal do districto de Nova Polonia, termo desta Capital, resolve provel-o vitaliciamente n'aquelle officio. Expeça-se-lhe o competente titulo para os fins de direito.

Palacio da Presidencia do Estado do Paraná, em 2 de Junho de 1905.

JOÃO CANDIDO FERREIRA.

Bento José Lamenha Lins.

Decreto n. 229—de 7 de Junho de 1905

O 1º Vice-Presidente do Estado do Paraná, usando da autorisação que lhe confere o art. 1º da lei n. 589, de 20 de Março ultimo, resolve nomear, para exercer o cargo de prefeito municipal de S. José da Boa Vista, o cidadão José Antonio Possidente. Outrosim, nomeia o cidadão Francisco Azevedo Müller para exercer o cargo de prefeito municipal da União da Victoria, visto não ter o nomeado solicitado o respectivo titulo no prazo legal.

Palacio da Presidencia do Estado do Paraná, em 7 de Junho de 1905.

JOÃO CANDIDO FERREIRA.

BENTO JOSÉ LAMENHA LINS.

Decreto n. 230—de 7 de Junho de 1905

O 1º Vice-Presidente do Estado do Paraná, resolve marcar o dia 9 de Julho vindouro, para se proceder á eleição de juizes districtaes do districto judiciario de Diamantina, termo da Palmeira.

Palacio da Presidencia do Estado do Paraná, em 7 de Junho de 1905.

JOÃO CANDIDO FERREIRA.

BENTO JOSÉ LAMENHA LINS.

Decreto n. 243—de 22 de Junho de 1905

O 1º Vice-Presidente do Estado do Paraná, tendo em vista os interesses do mesmo Estado, decreta:

Art. 1º. Fica prohibida no Estado a venda de bilhetes de loterias, com excepção dos da Companhia de Loterias Nacionaes do Brazil.

Art. 2º. A disposição do art. 10 n. II das "disposições permanentes" da lei n. 183, de 6 de Fevereiro de 1896, não se applica ás agencias de loterias dos Estados.

§ unico. Os impostos que, em virtude da citada disposição, tiverem sido cobrados das referidas agencias, serão restituidos a quem de direito.

Art. 3º. Revogam-se as disposições em contrario.

Palacio da Presidencia do Estado do Paraná, em 22 de Junho de 1905.

JOÃO CANDIDO FERREIRA.

JOAQUIM P. P. CHICHORRO JUNIOR.

Decreto n. 252—de 27 de Junho de 1905

O 1º Vice-Presidente do Estado do Paraná, attendendo á necessidade de crear as cadeiras de grego e mechanica no Gymnasio Paranaense, afim de ser o curso deste equiparado ao Gymnasio Nacional, e considerando que não ha actualmente necessidade de prover por meio de concurso as referidas cadeiras, resolve instituir as cadeiras de grego e mechanica no Gymnasio Paranaense, devendo ser a primeira preenchida pelo lente da lingua latina e a segunda pelo lente de geometria do mesmo Gymnasio.

Palacio da Presidencia do Estado do Paraná, em 27 de Junho de 1905.

JOÃO CANDIDO FERREIRA.

BENTO JOSÉ LAMENHA LINS.

Decreto n. 253—de 27 de Junho de 1905

O 1º Vice-Presidente do Estado do Paraná, tendo em vista o que requereu o professor normalista da escola publica de 2º grau para o sexo masculino desta Capital, Francisco de Paula Guimarães, e attendendo que conta vinte annos, um mez e um dia de exercicio effectivo no magisterio e que soffre molestia que o inhabilita para continuar no exercicio de seu cargo, segundo o parecer da junta medica que o inspeccionou de saude, resolve conceder-lhe aposentadoria com ordenado annual de um conto e quinhentos mil réis (1:500$000), de accordo com o calculo feito na Secretaria de Finanças, tudo de conformidade com a lei n. 244, de 29 de Novembro de 1897. Expeça-se-lhe, pois, o competente titulo para os effeitos do art. 8, da lei supracitada.

Palacio da Presidencia do Estado do Paraná, em 27 de Junho de 1905.

JOÃO CANDIDO FERREIRA.

BENTO JOSÉ LAMENHA LINS.

Decreto n. 257—de 1º de Julho de 1905

O 1º Vice-Presidente do Estado do Paraná, usando da faculdade que lhe confere o art. 1º das "disposições permanentes" da lei n. 611, de 6 de Abril de 1905, manda que, na percepção do imposto denominado «Patente commercial» se observe o seguinte

REGULAMENTO
Imposto de Patente Commercial.

Art. 1º. O imposto denominado «Patente commercial» incide sobre as mercadorias extrangeiras ou sobre as nacionaes de producção de outros Estados, depois de terem entrado no territorio do Estado e de constituirem objecto do seu commercio interno, incorporando-se ao acervo de suas proprias riquezas (lei federal n. 1185, de 11 de Junho de 1904 e decreto federal n. 5402, de 23 de Dezembro de 1904).

§ unico. O mesmo imposto incide igualmente sobre as mercadorias similares de producção do Estado (lei e decreto citados).

Art. 2º. Ficam sujeitos ao imposto de que trata o art. antecedente os estabelecimentos commerciaes, hoteis, restaurants, kiosques, armazens de companhias ou emprezas de qualquer natureza e outros estabelecimentos permanentes ou temporarios, que receberem as mercadorias de que trata o mesmo art. e dellas fizerem objecto de commercio, expondo-as á venda, ou entregando-as ao consumo.

Art. 3º. Entende-se «expostas á venda» ou «entregues ao consumo», constituindo assim objecto do commercio interno do Estado, as mercadorias que forem encontradas dentro dos estabelecimentos especificados no art. antecedente, ou em poder de mercadores ambulantes.

Art. 4º. O pagamento do imposto de que tratam os arts. antecedentes será feito, conforme preferirem os contribuintes, numa das seguintes occasiões:

I—Quando, entrando para o commercio interno do Estado, as referidas mercadorias tiverem de transitar das cidades do littoral para as do interior, afim de serem expostas á venda, ou entregues ao consumo;

II—Quando, recebidas pelo respectivo destinatario, por elle forem expostas á venda, ou entregues ao consumo.

Art. 5º. A cobrança do imposto, na occasião em que as mercadorias tiverem de transitar para as localidades de seu destino (art. 4º; I) será feita pelo peso dos volumes que as contiverem e pelo processo até agora observado, na conformidade dos decretos ns. 3 e 12, de 20 de Fevereiro e 18 de Junho de 1896, e instrucções em vigor.

Art. 6º. Quando, na conformidade do art. 4º, II, o destinatario das mercadorias preferir pagar o imposto na occasião em que as receber e expuzer á venda ou as entregar ao consumo, fará essa declaração no respectivo despacho, na occasião em que as mesmas mercadorias tiverem de seguir seu destino.

Esse despacho será feito para todas as mercadorias de que trata o art. 1º e seu §, na conformidade do processo estabelecido nos decs. ns. 3 e 12, de 20 de Fevereiro e 18 de Junho de 1896; e, calculado o imposto devido, o empregado do fisco enviará o mesmo despacho á Secretaria de Finanças com a seguinte nota, datada e assignada: «A pagar . . . . ., de imposto».

Art. 7º. De posse do despacho a que se refere o art. antecedente, a Secretaria de Finanças expedirá ao destinatario das mercadorias um aviso, dando-lhe o prazo de 5 dias para pagamento da importancia devida.

Art. 8º. Na falta desse pagamento, ao infractor será imposta a multa de 500$ a 1:000$ e, tanto essa multa, como a importancia do imposto serão cobrados executivamente.

Art. 9º. As casas commerciaes e demais estabelecimentos (art. 2º) que fizerem no Estado, o commercio de mercadorias extrangeiras ou nacionaes, deste ou de outros Estados, expondo-as á venda, ou entregando-as ao consumo (lei federal citada, art. 2º), e que se recusarem ao pagamento do imposto definido no art. Iº deste reg., ficam sujeitos ao pagamento do mesmo imposto, em dobro.

Art. 10º. Para effectividade do disposto no art. anterior o empregado do fisco, quando se dê a recusa de que trata esse mesmo art., calculará, á vista do respectivo despacho, ou de copia ou certidão da nota de expedição da estrada de ferro, a importancia do imposto a pagar, elevando ao dobro as respectivas taxas, e enviará com urgencia esse papeis á Secretaria de Finanças, que, a seu turno, os remetterá á repartição arrecadadora, para os fins deste regulamento.

Art. 11º. De posse desses documentos, a repartição arrecadadora, logo que as referidas mercadorias, incorporando-se ao acervo das riquezas do Estado, e constituindo objecto de seu commercio interno, forem expostas á venda, ou entregues ao consumo, fará o lançamento do referido imposto e notificará o respectivo commerciante para o pagamento devido, no prazo de 5 dias.

Art. 12º. Si, expirando esse prazo, o imposto não for pago, a mesma repartição arrecadadora imporá ao infractor a multa de 500$ a 1:000$, lavrará o respectivo auto de infracção e devolverá com urgencia todos os papeis á Secretaria de Finanças, para proceder-se a cobrança executiva do mesmo imposto e da multa.

Art. 13º. Revogam-se as disposições em contrario.

Palacio da Presidencia do Estado do Paraná, em 1º de Julho de 1905.

JOÃO CANDIDO FERREIRA.

JOAQUIM P. P. CHICHORRO JUNIOR.

Decreto n. 264—de 4 de Julho de 1905

O 1º Vice-Presidente do Estado do Paraná, tendo em vista o que requereu a professora publica da escola promiscua do povoado S. Jeronymo, municipio de Tibagy, d. Maria Candelaria de Camargo, e attendendo a que conta vinte e cinco annos, oito mezes e trez dias de exercicio effectivo no magisterio publico e que soffre molestia que a inhabilita para continuar nas funcções de seu cargo, segundo o parecer da junta medica que a inspeccionou de saude, resolve conceder-lhe a aposentadoria com o ordenado annual de um conto setecentos e cincoenta e um mil seiscentos e sessenta e cinco réis (1:751$665), de accordo com o calculo feito na Secretaria de Finanças, tudo de conformidade com a lei n. 244, de 29 de Novembro de 1897.

Expeça-se-lhe, pois, o competente titulo, para o effeito du art. 8º da lei supracitada.

Palacio da Presidencia do Estado do Paraná, em 4 de Julho de 1905.

JOÃO CANDIDO FERREIRA.

BENTO JOSÉ LAMENHA LINS.

Decreto n. 276—de 15 de Julho de 1905

O 1º Vice-Presidente do Estado do Paraná, usando da autorisação que lhe confere o art. 2º, letra a, das «disposições transitorias» da lei n. 611, de 6 de Abril do corrente anno, decreta :

Artigo unico. Fica a Secretaria de Finanças, Commercio e Industrias autorisada a emittir lettras, por antecipação de receita, até a quantia fixada em lei; revogadas as disposições em contrario.

Palacio da Presidencia do Estado do Paraná, em 15 de Julho de 1905.

JOÃO CANDIDO FERREIRA.

JOAQUIM P. P. CHICHORRO JUNIOR.

Decreto n. 295—de 27 de Julho de 1905

O 1º Vice-Presidente do Estado do Paraná, sob proposta do dr. chefe de policia e por conveniencia do serviço, resolve crear no termo da Palmeira um districto policial com a denominação de S. Sebastião do Lageado, tendo as seguintes divisas:—Começando no rio das Almas, na barra do arroio Aroeira, por este até a sua cabeceira, d'ahi em linha recta ao rio Bituva na confluencia do rio Barreiro, e por este até o pique do engenheiro Rebouças; pelo mesmo pique e pelo rio da Varzea dividindo com o termo do Triumpho em frente ao Olho d'Agua procurando em rumo direito a cabeceira do rio das Almas e por este desce até onde fez principio.

Palacio da Presidencia do Estado do Paraná, em 27 de Julho de 1905.

JOÃO CANDIDO FERREIRA.

JOAQUIM P. P. CHICHORRO JUNIOR.

Decreto n. 305—de 31 de Julho de 1905

O 1º Vice-Presidente do Estado do Paraná resolve, sob proposta do dr. chefe de policia e por conveniencia do serviço publico, crear um districto policial denominado Bom Jardim, no termo de Ponta Grossa e municipio do Ypiranga, tendo as divisas seguintes:

Começando na cabeceira do rio Palmital, d'ahi á cabeceira do arroio dos Galvões; por este abaixo até o rio dos Patos, dividindo com o municipio do Imbituva; dahi pelo mesmo rio dos Patos abaixo até a barra do rio dos Indios e d'ahi até uma serra á margem direita deste ultimo rio; seguindo pelo morro vermelho na actual estrada de Ponta Grossa a Therezina, procurando a cabeceira do rio Capivary Grande nos terrenos de Luiz Barbosa; e d'ahi a rumo da cabeceira do rio Bitumirim, e por este abaixo até a barra do Passinho da Pedra; seguindo então pela linha da medição do Faxinal da Forquilha até a cabeceira onde principiaram as divisas.

Outrosim, nomeia os cidadãos José Alvim de Messias, João Ferreira e Silva, José Pedro Ribeiro e Gregorio Manoel Fernandes para exercerem os cargos de sub-commissario de policia, 1º, 2º e 3º supplentes do novo districto, na ordem em que se acham os seus nomes collocados.

Palacio da Presidencia do Estado do Paraná, em 31 de Julho de 1905.

JOÃO CANDIDO FERREIRA.

JOAQUIM P. P. CHICHORRO JUNIOR.

Decreto n. 309—de 3 de Agosto de 1905

O 1º Vice-Presidente do Estado do Paraná, attendendo ao que requereu o cidadão Walfrido de Bittencourt, resolve acceitar a desistencia que pediu do officio de escrivão do juizo districtal do districto de Colombo, termo desta Capital.

Palacio da Presidencia do Estado do Paraná, em 3 de Agosto de 1905.

JOÃO CANDIDO FERREIRA

JOAQUIM P. P. CHICHORRO JUNIOR.

Decreto n. 316—de 12 de Agosto de 1905

O 1º Vice-Presidente do Estado do Paraná, attendendo a que o cidadão Benjamin Lucio do Amaral habilitou-se em concurso, para exercer o officio de escrivão do juizo districtal do districto de S. José da Boa Vista, termo do mesmo nome, resolve provel-o victaliciamente naquelle officio. Expeça-se-lhe o competente titulo para os fins de direito.

Palacio da Presidencia do Estado do Paraná, em 12 de Agosto de 1905.

JOÃO CANDIDO FERREIRA

JOAQUIM P. P. CHICHORRO JUNIOR.

Decreto n. 335—de 7 de Setembro de 1905

O 1º Vice-Presidente do Estado do Paraná, usando da faculdade que lhe confere o art. 15 da Reforma da Constituição e commemorando o anniversario da Independencia do Brazil, resolve conceder aos réus Zeferino Manoel dos Santos e Josino Pereira de Lima, o perdão do resto das penas a que foram condemnados, aquelle de 10 mezes e 15 dias de prisão simples pelo juiz de direito da comarca de Guarapuava, pelo crime capitulado nos arts. 377, 396 e 402 do codigo penal, e este de 5 annos e 10 mezes de prisão pelo jury da comarca de Ponta Grossa, pelo crime estatuido no art. 356 do referido codigo.

Palacio da Presidencia do Estado do Paraná, em 7 de Setembro de 1905.

JOÃO CANDIDO FERREIRA

JOAQUIM P. P. CHICHORRO JUNIOR.

Decreto n. 345—de 16 de Setembro de 1905

O 1º Vice-Presidente do Estado do Paraná, usando da faculdade que se reservou o governo pelo artigo 5º dos decretos ns. 405 e 75 de 2 de Dezembro de 1904 e 7 de Março de 1905, e para execução do disposto no artigo 1º da lei n. 612, de 6 de Abril do corrente anno, decreta:

Art. 1º. A Secretaria de Finanças, Commercio e Industrias fará o resgate das apolices emittidas para os fins da lei n. 522, de 3 de Março de 1904, utilisando-se, para essa operação, do producto do emprestimo a que se refere a lei n. 612 de 6 de Abril do corrente anno.

Art. 2º. O resgate far-se-á por embolso, em moeda corrente pelo valor nominal das apolices, com pagamento, na mesma especie, de juros vencidos, nos termos do art. 5º de cada um dos decretos citados.

Art. 3º. Para os effeitos do presente decreto os portadores de apolices a resgatar farão inscrevel-as na Secretaria de Finanças, Commercio e Industrias, até 30 do corrente mez impreterivelmente.

Art. 4º. Findo o prazo para a inscripção de que trata o art. antecedente, a Secretaria de Finanças, Commercio e Industrias annunciará o dia em que devem começar o resgate e embolso, bem como o prazo dentro do qual devem terminar, cessando os juros da data desse dia em diante, tanto para as apolices inscriptas, como para aquellas cujos portadores não tiverem preenchido essa formalidade.

Art. 5º. As apolices que não forem dadas á inscripção, nos termos do art. 3º, só serão admitidas a resgate e pagas, depois de feito o embolso das inscriptas, em novo prazo marcado pela Secretaria de Finanças, Commercio e Industrias, com a restricção da ultima parte do art. antecedente.

Art. 6º. A disposição do artigo antecedente é extensiva ás apolices que, tendo sido dadas á inscripção nos termos do art. 3º, não forem levadas a resgate e embolso, no prazo a que se refere o artigo 4º.

Art. 7º. O secretario de Finanças, Commercio e Industrias expedirá as ordens e instrucções para inteira execução deste decreto.

Art. 8º. Revogam-se as disposições em contrario.

Palacio da Presidencia do Estado do Paraná, em 16 de Setembro de 1905.

JOÃO CANDIDO FERREIRA.

Joaquim P. P. Chichorro Junior.

Decreto n. 355—de 28 de Setembro de 1905

O 1º Vice-Presidente do Estado do Paraná, attendendo á urgente necessidade da equiparação do curso do Gymnasio Paranaense ao observado no Gymnasio Nacional, e considerando que para esse fim é indispensavel harmonisar o regimen e programmas daquelle instituto de ensino com os do estabelecimento federal, çomo expressamente determina o art. 362, do dec. n. 3890, de 1º de Janeiro de 1901, resolve approvar e mandar que se observe no mencionado Gymnasio Paranaense o regulamento que com este baixa, assignado pelo secretario de Estado dos Negocios do Interior, Justiça e Instrucção Publica.

Palacio da Presidencia do Estado do Paraná, em 28 de Setembro de 1905.

JOÃO CANDIDO FERREIRA.

Bento José Lamenha Lins.

REGULAMENTO

DO

GYMNASIO PARANAENSE

TITULO I

Da organisação scientifica do Instituto

CAPITULO I

INSTRUCÇÃO DO GYMNASIO PARANAENSE

Art. 1º. O Gymnasio Paranaense continúa a ser o principal instituto de educação do Estado e é destinado a ministrar o ensino secundario e fundamental á mocidade, de modo a preparal-a convenientemente para a matricula nos cursos de ensino superior e para a obtenção do gráo de bacharel em sciencias e lettras.

Art. 2º. O Gymnasio Paranaense é um externato modelado pelo Gymnasio Nacional, de conformidade com o codigo dos Institutos Officiaes do ensino superior e secundario.

CAPITULO II

DO CURSO

Art. 3º. O curso do Gymnasio Paranaense comprehenderá as disciplinas seguintes:

Desenho.
Portuguez.
Litteratura.
Francez.
Inglez.
Allemão.
Latim.
Grego.
Mathematica elementar.
Elementos de mecanica e astronomia.
Physica e chimica.
Historia natural.
Geographia, especialmente a do Brazil.
Historia, especialmente a do Brazil.
Logica.
Gymnastica sob o ponto de vista hygienico.

Art. 4º. As referidas disciplinas, com o respectivo numero de horas de aulas por semana, serão distribuidas por seis (6) annos de estudo, da maneira seguinte:

1º ANNO	2º ANNO	3º ANNO	4º ANNO	5º ANNO	6º ANNO
				Mec. e Ast. 3	
			Trig. . ⎰	. . . .	
			Geom. ⎱ 4	. . . .	
		Geom. ⎰	Alg. . ⎱	. . . .	
	Alg. . ⎰ 3	Alg. . ⎱ 4	. . . .	. . . .	Math. . 2
Arith. 4	Arith . ⎱	. . . .	. . . .	. . . .	Geog. . 1
Geogr. 3	Geog. 3	Geog. 2	Port. . 2	. . . .	. . . .
Port. . 3	Port. . 3	Port. . 2	Fr. . 1	. . . .	Fr. . . 2
Fr. . . 4	Fr. . 3	Fr. . 2	Des. . 2	. . . .	. . . .
Des. . 3	Des. . 3	Des. . 3	Ing. . 2	Ing. . . 1	Ing. . . 1
‾17	Ing. . 3	Ing. . 3	All. . 3	All. . . 3	All. . . 2
	‾18	Lat. . 2	Lat. . 3	Lat. . 3	Lat. . . 1
		‾18	Greg. . 3	Greg. . 3	Greg. . 2
			Hist. Nat. 3	His. . 3	Hist. do Br. 3
			‾23	Phys e Ch. 4	Phys. e Ch. 3
				Litt. . 2	Litt. . . 2
				Hist. Nat. 2	Hist. Nat. 5
				‾24	Logica . 3
					‾27

Art. 5º. Haverá no Gymnasio um lente de portuguez e litteratura, um de francez, um de inglez e allemão, um de latim e grego, um de arithmetica e algebra, um de geometria, trigonometria e de elementos de mecanica e astronomia, um de physica e chimica, um de historia natural, um de geographia, especialmente do Brazil, um de historia, especialmente do Brazil, um de logica que leccionará tambem outras disciplinas da Escola Normal, e um professor de desenho.

§ unico. Desde que a maior frequencia de alumnos exija, serão desligadas algumas dessas materias para lentes especiaes, cujos cargos serão creados opportunamente.

CAPITULO III

DOS PROGRAMMAS DE ENSINO

Art. 6º. O ensino será regulado pelos programmas triennaes do Gymnasio Nacional.

Art. 7º. Nesses programmas attender-se-á ao seguinte:

I—O estudo da grammatica portugueza nos primeiros annos, deverá revestir a maior simplicidade e limitar-se ao que é estrictamente indispensavel, para que o estudante tenha a elocução exacta: grammatica descriptiva ou pratica. O trabalho do alumno desenvolver-se-á em exercicios graduados de redacção do pensamento, na leitura dos prosadores e poetas, com os quaes o lente procurará familiarisal-o, obrigando-o á explicação dos termos, expressões idiomaticas, figuradas, etc.; no jogo da synonimia e da paraphrase, emprego de vocabulos, reducção de prosa litteraria á linguagem commum, de verso á prosa litteraria ou vulgar, assim como de composições variadas e successivamente mais difficeis, que versarão sobre conhecimentos adquiridos; assumptos de ordem litteraria, explicados anteriormente, e biographias de vultos da historia patria. A grammatica historica constituirá objecto do 4º anno.

Os programmas no estudo de portuguez e sua litteratura attenderão a que as lições e exercicios sejam dispostos, de modo que no fim do curso o alumno não só possa fallar e exprimir-se por escripto correctamente na lingua materna, mas tambem que conheça os mais vernaculos prosadores e poetas brasileiros e portuguezes.

O estudo da litteratura será precedido de noções de historia litteraria, particularmente das litteraturas que mais directamente influiram na formação e desenvolvimento da litteratura da lingua portugueza.

II—Ao estudo das outras linguas vivas será dada feição eminentemente pratica. Os exercicios de conversação, de composição e as dissertações· sobre themas litterarios, scientificos, artistico, e historicos reclamarão especial cuidado dos respectivos lentes. No fim do curso deverão os alumnos mostrar-se habilitados a fallar, ou pelo menos a entender as linguas estrangeiras.

III—Do latim e do grego se procurará não só incutir no alumno a comprehensão dos classicos mais communs, como tambem principalmente tornal-o conhecedor do muito cabedal que dessas linguas tem a vernacula.

IV—No curso de mathematica elementar o lente considerará as disciplinas a seu cargo, não só como um complexo de theorias uteis em si mesmas, de que os alumnos deverão ter conhecimento para applical-as ás necessidades da vida, senão tambem como poderoso meio de cultura mental, tendente a desenvolver a faculdade do raciocinio. Os limites desta materia deverão ser assáz restrictos, attendendo o programma accuradamente ao lado pratico, de maneira que o ensino se torne utilitario, por numerosos exercicios de applicação e por judiciosa escolha de problemas graduados da vida commum.

De accordo com taes preceitos, o estudo da arithmetica no primeiro anno abrangerá o systema decimal de numeração, as operações sobre numeros inteiros e fracções, as transformações que estas comportam, até as dizimas periodicas, fazendo-se durante o curso uso habitual do calculo mental; no segundo anno virão as proporções e suas applicações, progressões e logarithmos; o estudo da algebra deverá ahi ser levado até as equações do 1^0 gráu; no terceiro anno se completará o estudo da algebra elementar e se fará o da geometria, com o desenvolvimento usual relativo á igualdade, á semelhança, á equivalencia, á rectificação da circumferencia, avaliação das áreas e dos volumes, tudo com applicações praticas; do quarto anno será o desenvolvimento da algebra no estudo do binomio de Newton, a determinação dos principios geraes da composição das equações e sua resolução numerica pelos methodos mais simples e praticos; irá o estudo da geometria até englobar o o das secções conicas, com o traçado e principaes propriedades das curvas correspondentes, e se effectuará o ensino da trigonometria rectilinea, havendo sempre o cuidado de tornar frequentes as applicações e a pratica dos logarithmos, iniciada no segundo anno e desenvolvida no terceiro.

V—Com os recursos da mathematica, até então estudada, se estabelecerão na mecanica as leis geraes e regras fundamentaes, que constituem a doutrina elementar desta sciencia.

VI—A astronomia limitar-se-á á apreciação do espectaculo diario do céu, suas variações fundamentaes, meios geraes e praticos de observação .e principaes factos do dominio da geometria celeste, expostos de modo verdadeiramente elementar e, quanto possivel, intuitivo.

VII—No ramo physico da cadeira de physica e. chimica se ensinarão os factos do dominio da gravidade, do calor, da acustica, da optica, da electricidade e do magnetismo. O ensino da chimica começará pelo da mineral e passará ao da organica. Fará objecto da primeira parte, depois do estudo da nomenclatura e notação chimica, o das leis da combinação e o da doutrina atomica, e dos principaes metalloides e metaes e dos respectivos compostos. A segunda parte tratará da composição, constituição e classificação dos corpos organicos, das formulas organicas, dos radicaes, das series organicas e das funcções chimicas em geral.

VIII—A historia natural comprehenderá, na mineralogia, o estudo da crystallização e suas leis, o dos systemas crystallinos, o exame dos mineraes, seus caracteres morphologicos, a designação das especies mineraes e sua classificação. Na geologia se discriminarão as rochas, segundo a sua origem, composição mineralogica e estructura, e se explicará a formação dos extractos sedimentares e a chronologia geologica. Na botanica, além da parte geral desta sciencia, se fará o estudo das mais importantes familias vegetaes, servindo como exemplares para isso plantas frescas das especies mais communs. Na zoologia, das noções relativas aos tecidos, orgãos, apparelhos, systemas e funcções dos animaes, se passará ao estudo das especies e sua taxinomia e á succinta descripção dos typos da serie animal.

IX—No ensino da geographia o intuito fundamental será a descripção methodica e racional da superficie da terra por meio de desenhos, na pedra e no papel, copiados, mas nunca transfoleados, e de memoria, das cinco partes do mundo, dos paizes da America, especialmente do Brazil, e dos da Europa, com a preoccupação de evitar minucias, nomenclaturas extensas, dados estatisticos exagerados e tudo quanto possa sobrecarregar a memoria do alumno ou não a exercitar com real proveito, quer no estudo da geographia physica, quer no da geographia politica e do ramo economico.

No 1º anno far-se-á o estudo da geographia physica, particularmente do Brazil; no 2º o da geographia politica em geral e em particular do Brazil; no 3º o da chorographia do Brazil propriamente dita.

X—Na historia mencionar-se-ão, sem jamais descer a minudencias, os acontecimentos politicos, scientificos, litterarios e artisticos de cada epoca memoravel; serão

expostas as causas que determinaram o progresso ou
o estacionamento da civilisação nos grandes periodos
historicos, apreciados os homens que concorreram para
as revoluções beneficas ou perniciosas da humanidade,
mórmente os da America e sobretudo os do Brazil, agru-
pando-se em torno delles os factos caracteristicos das
phases em que dominaram o espirito publico, devendo
ser principal escopo do programma e do ensino, na historia patria, particularmente, instituir a historia educativa
e vivificadora do sentimento nacional.

XI—A logica, no seu dominio real e formal, res-
tringir-se-á ao estudo elementar da marcha effectiva da
intelligencia humana, no descobrimento, demonstração e
transmissão da verdade, e as leis invariaveis que regem
os phenomenos intellectuaes, comprehendendo: meditação inductiva, meditação deductiva, classificação das
sciencias e methodos correlativos.

XII—O desenho, no plano geral de estudos, figura-
rá como perfeita linguagem descriptiva. O curso, começando por simples combinações lineares, deverá passar
gradativamente á cópia expressiva, a mão livre, de desenhos feitos na pedra pelo professor, á execução do desenho dictado, de desenhos de memoria e de invenção,
ao desenho de modelos naturaes ou em relevo.

Tendo por fim o ensino do desenho adextrar o a-
lumno no lance de vista rapido e seguro, desenvolver
nelle o sentimento das fôrmas e das proporções, servir-
lhe-á de base a morphologia geometrica. As fôrmas con-
vencionaes, attenta a sua regularidade, hão de preceder
ás naturaes, que são irregulares. As fôrmas naturaes,
que se tiverem de desenhar, hão de ser primeiramente
reduzidas ás geometricas em que se basearem. A percepção ha de preceder á execução, sendo inconveniente
que o alumno comece a desenhar qualquer objecto ou
modelo antes de o ter estudado em sua totalidade e nas
suas partes, comparando-as entre si.

O ensino da perspectiva entrará, a seu tempo, de
modo elementar, intuitivo e geral.

O curso finalisará pela pratica do desenho projecti-
vo, precedida da resolução graphica, dos mais simples
problemas de geometria descriptiva.

Assim, o primeiro anno comprehenderá: desenho
á mão livre, com applicação especial ao ornato geometrico plano; o segundo: estudos dos solidos geometricos,
acompanhados dos principios praticos da execução das
sombras e ornatos em relevo; o terceiro: desenho linear

geometrico, elementos de perspectiva pratica á vista; o quarto: elementos de desenho geometrico ou representação real dos corpos.

CAPITULO IV

DOS EXAMES.

Art. 8º. Encerradas as aulas, começarão os exames do curso, que serão de promoções successivas e de madureza.

§ unico. Haverá em Março uma segunda epoca de exames, exclusivamente destinada aos alumnos que na primeira epoca não tiverem feito exame do anno, ou de alguma das cadeiras que o compõem, e aos reprovados na primeira epoca, sómente em uma das materias do anno.

Art. 9º. Os exames de promoções se realisarão perante commissões constituidas de lentes de cada anno.

Art. 10º. Esses exames constarão de:

I—Prova graphica de desenhos para o 1º, 2º, 3º e 4º annos.

II—Provas escriptas e oraes: de arithmetica, geographia, portuguez e francez do 1º anno; de arithmetica, algebra, geographia, portuguez, francez e inglez do 2º anno; de algebra, geometria, portuguez, francez, inglez, latim e geographia do 3º anno; de algebra, geometria e trigonometria, portuguez, francez, inglez, allemão, latim, grego e historia do 4º anno; de mecanica e astronomia, physica e chimica, historia natural, litteratura, inglez, allemão, latim, grego e historia do 5º anno; de historia natural, physica e chimica, litteratura, allemão, grego, logica e historia do 6º anno.

Art. 11º. As provas se farão de accordo com os programmas e methodos adoptados no ensino e pontos organisados, na occasião, pela respectiva commissão.

Art. 12º. No julgamento dos exames de promoções, que será feito por cadeira ou aula, deverá ser tomada em consideração a nota de aproveitamento do alumno no decurso do anno.

Art. 13º. O exame de madureza, destinado a verificar si o alumno tem assimilado a summa de cultura intellectual necessaria, se effectuará immediatamente depois de realisados os exames de promoções.

Art. 14º. Será prestado perante duas commissões, uma para linguas, outra para sciencias, sendo 3 lentes para examinar linguas vivas, 1 para litteratura, 1 para linguas mortas, 1 para mathematica e astronomia, 1 para physica, chimica e .historia natural, 1 para geographia e historia, 1 para logica e 1 professor para desenho.

§ unico. Estas commissões serão eleitas pela congregação, e terão como presidente o lente mais antigo de cada uma dellas.

Art. 15º. O exame de madureza constará de provas escriptas de linguas e mathematica e astronomia, graphica de desenho e oraes de cada uma das secções seguintes:

1ª — linguas vivas;
2ª — linguas mortas;
3ª — mathematica e astronomia;
4ª — physica, chimica e historia natural;
5ª — geographia, historia e logica.

§ 1º. A prova escripta ou a graphica será commum á turma, que se constituirá de accordo com a capacidade do local e as conveniencias da fiscalisação, e durará, no maximo, cinco horas para cada secção: linguas vivas, linguas mortas, mathematica e astronomia e desenho.

§ 2º. As provas oraes de cada turma de alumnos guardarão entre si os necessarios intervallos de repouso, de maneira que cada alumno não seja arguido seguidamente mais de uma hora.

Art. 16º. A prova escripta de portuguez constará de uma composição ou dissertação sobre thema litterario, scientifico, artistico ou historico, escolhido por cada candidato dentre quatro themas sorteados, na occasião, da maneira seguinte: cada membro da commissão de linguas apresentará dois themas que, acceitos pela maioria, irão para uma urna, donde o examinando extrahirá os quatro que devam servir.

Art. 17º. A prova escripta das outras linguas vivas comprehenderá trez partes: 1ª composição ou dissertação, em francez, sobre assumpto scientifico, litterario, historico ou artistico, assumpto ou thema fornecido como para a prova de portuguez; 2ª dictado de um trecho inglez ou allemão, á sorte; 3ª interpretação em portuguez de um trecho allemão ou inglez, com o texto a vista.

§ 1º. Na dissertação em portuguez e em francez o alumno será obrigado a incluir duas ou trez passagens, questões ou factos indicados com clareza pela commissão, nos limites de cada um dos themas sorteados, de modo que se verifique a originalidade da prova.

§ 2º. Em uma folha de papel em branco, devidamente rubricada, o examinando pedirá á mesa examinadora os subsidios de que carecer para a prova, em falta de diccionario. Assim, cada juiz vęrificará si o examinando desconhece apenas vocabulos de uso menos frequente, ou si ignora palavras de emprego corrente. A folha dos subsidios pedidos será appensa á prova escripta respectiva.

Art. 18º. As provas escriptas de latim e de grego constarão de traducção de trechos faceis (tirados á sorte) de um dos autores manuseados no 6º anno e sorteado na occasião. A cada alumno será fornecida a folha de subsidios como nas provas escriptas de linguas vivas.

Art. 19º. A prova escripta de mathematica e astronomia versará sobre o desenvolvimento methodico e pratico de quatro questões, inclusive a avaliação de áreas e de volumes, questões sorteadas dentre doze, formuladas no acto de começar a prova, pelo especialista da commissão de sciencias, acceitas pela maioria dos seus membros.

Art. 20º. As provas oraes de linguas serão feitas sobre textos sorteados de autores contemporaneos, não incluidos nos programmas de ensino, mas indicados pela commissão. A sorte designará o autor para cada turma de alumnos, os quaes deverão se mostrar habilitados a fallar, ou pelo menos a entender as linguas estrangeiras.

Na prova especial de litteratura se verificará o subsidio de que dispõe cada candidato para bem conhecer a pureza da lingua vernacula.

Art. 21º. As provas oraes de sciencias versarão sobre pontos organisados pela commissão, ao começar a prova de cada turma de alumnos, abrangendo cada ponto varias partes de cada uma das disciplinas da secção.

Art. 22º. Terminada para os alumnos de cada turma a prova oral, que será feita perante as duas commissões, se procederá ao julgamento.

Art. 23º. O delegado fiscal do Governo Federal assistirá todo o processo do exame, cabendo-lhe o direito de véto, com effeito suspensivo, sobre a decisão da commissão examinadora, desde que se verifique a existencia de irregularidades substanciaes, não só na exhibição das provas, senão tambem no modo de julgamento.

O Presidente do Estado resolverá em ultima instancia.

O delegado fiscal terá o direito de intervir no exame, para seu esclarecimento pessoal, quer tomando conhecimento das provas escriptas, quer interrogando os candidatos.

Art. 24º. Na primeira quinzena de Abril realisar-se-ão, para novos alumnos, *exames de admissão* a qualquer anno do curso, mediante requerimento dos paes dos candidatos ou dos seus responsaveis, entregue na Secretaria durante a segunda metade do mez de Março.

Art. 25º. Os exames de admissão ao primeiro anno far-se-ão perante uma commissão de 3 lentes, designada pelo director.

Art. 26º. Estes exames constarão de provas escriptas e oraes. As escriptas versarão: 1º sobre um dictado de dez linhas impressas de portuguez contemporaneo; 2º sobre arithmetica pratica limitada ás operações e transformações relativas aos numeros inteiros e ás fracções ordinarias e decimaes. As oraes constarão de leitura de um trecho sufficientemente longo de portuguez contemporaneo, estudo succinto de sua interpretação no todo ou em partes; ligeiras noções de grammatica portugueza e de arguição sobre arithmetica pratica nos referidos limites, systema metrico, morphologia geometrica, noções de geographia e historia do Brazil.

Nas provas escriptas os candidatos deverão exhibir regular caligraphia.

Art. 27º. Os exames de admissão á outro qualquer anno do curso se farão pelo processo dos de promoções successivas, devendo os candidatos prestar, além do exame do anno immediatamente inferior áquelle em que pretenderem matricular-se o de todas as materias estudadas de modo completo nos antecedentes, e só dependentes de revisão no ultimo anno do curso.

Art. 28º. O alumno que fizer o curso completo, de accordo com as disposições deste regulamento, obterá, apóz exame de madureza de todas as disciplinas do dito curso, o grau de bacharel em sciencias e lettras.

Art. 29º. Para o alumno que não quizer bacharelar-se em sciencias e lettras será facultativo o estudo da mecanica e astronomia, do inglez ou do allemão, do grego e da litteratura.

TITULO II

Dos alumnos

CAPITULO I

ADMISSÃO DOS ALUMNOS

Art. 30º. Os paes ou encarregados dos candidatos. á matricula deverão apresentar ao director do Gymnasio, do dia 15 até 31 de Março de cada anno, os requerimentos instruidos com todos os documentos justificativos das condições em que se acham os matriculandos.

Art. 31º. Para a matricula do primeiro anno exigir-se-ão as condições seguintes:

I—Certidão de idade ou documento equivalente.

II—Attestado de vaccinação ou revaccinação;

III—Certificado de que o candidato não soffre de molestia contagiosa ou infecto-contagiosa.

IV—Exame prévio de admissão feito na conformidade dos arts. 25 e 26 deste regulamento.

Art. 32º. Os alumnos do Gymnasio são obrigados tambem a pagar, annualmente, uma contribuição de 40$000, em duas prestações: a primeira de 30$000 com o requerimento de matricula, e a segunda de 10$000, quando requererem para prestar exame do anno, cujas aulas tiverem frequentado.

§ unico. Os candidatos á segunda epoca de exames deverão pagar a respectiva taxa ou imposto, embora o hajam feito na epoca.

Art. 33º. São dispensados da contribuição de que trata o art. precedente os orphãos filhos de funccionarios estaduaes, civis ou militares; os filhos dos membros do magisterio publico paranaense e dos pensionistas do Estado, reconhecidamente pobres; os ex-alumnos das escolas primarias do 2º grau, que tiverem sido approvados com distincção em ambos os graus.

§ unico. Esta ultima isenção só se refere á matricula no primeiro anno do curso. •

Art. 34º. As importancias pagas pelos alumnos contribuintes do Gymnasio serão pelo respectivo secretario recolhidas ao thesouro do Estado e ahi escripturadas como receita extraordinaria, para ser applicada exclusivamente á acquisição do mobiliario, manutenção do gabinete de physica, laboratorio de chimica, muzeu de historia natural e em fim á realisação dos melhoramentos de que carecer o edificio em que funcciona o mesmo Gymnasio.

Art. 35⁰. E' permittida a matricula no Gymnasio, como ouvintes, em qualquer epoca do anno, aos alumnos de preparatorios avulsos que quizerem estudar uma ou mais materias livremente, sujeitando-se á disciplina daquelle estabelecimento e apresentando attestado de vaccinação ou revaccinação e certidão de haver pago a contribuição de que trata o art. 32⁰, salvo se o candidato estiver comprehendido nas isenções do art. 33⁰.

CAPITULO II

DAS AULAS, REGIMEN E DISCIPLINA

Art. 36⁰. As aulas do Gymnasio começarão no dia 1⁰ de Abril e terminarão a 30 de Novembro, funccionando o numero de horas fixado no horario que a congregação organisar no principio de cada anno, de accordo com o art. 4⁰.

Art. 37⁰. A duração de cada aula será de uma hora.

Art. 38⁰. Alem dos domingos serão feriados os dias assim considerados por lei federal ou do Estado.

Art. 39⁰. Nenhuma pessoa extranha ao estabelecimento terá nelle entrada sem prévia licença do director ou do secretario.

Art. 40⁰. Os alumnos só se conservarão no estabelecimento durante as horas de suas aulas, sendo todavia permittida a sua permanencia nelle, nos intervallos de uma a outra aula, desde que se portem convenientemente.

Art. 41⁰. Os alumnos deverão portar-se com o necessario respeito no estabelecimento, não perturbando a ordem e serão responsaveis pelos damnos materiaes que fizerem.

Art. 42⁰. Os meios disciplinares, sempre proporcionaes á gravidade das faltas serão os seguintes:

1⁰. Notas más nas cadernetas das aulas;

2⁰. Reprehensão ou exclusão momentanea da aula;

3⁰. Reprehensão em particular ou perante os alumnos reunidos do anno, ou de todo o estabelecimento;

4⁰. Exclusão do Gymnasio por 3 a 8 dias com ponto duplo;

5⁰. Suspensão dos estudos por um a dois mezes, ou elliminação do Gymnasio, nos casos de insubordinação, parede ou pratica de actos immoraes.

Art. 43º. As duas primeiras penas serão impostas pelos lentes, a 3ª e 4ª sómente pelo director e a 5ª pela congregação, mediante inquerito e processo summario, com recurso, no prazo de 8 dias, para o Presidente do Estado.

§ unico. Das trez primeiras penas se fará menção especial no boletim bimensal de que trata o art. 103 n. 7; da 4ª se dará prévia communicação ao pae, encarregado ou tutor do alumno, para providenciar no sentido de corrigil-o.

CAPITULO III

DA FREQUENCIA

Art. 44º. A presença dos alumnos nas aulas será verificada pelo lente, auxiliado pelo inspector, devendo ser tambem marcada falta ao alumno que, sem licença, se retirar da aula.

Art. 45º. Ao alumno que, por motivo justificado, faltar a mais de uma aula ou trabalho, no mesmo dia, se marcará um só ponto.

Art. 46º. A justificação das faltas commettidas pelos alumnos será feita perante o director.

Art. 47º. As faltas dos alumnos serão cuidadosamente notadas, afim de que se cumpra o disposto no artigo seguinte.

Art. 48º. O alumno que der 40 faltas durante o anno lectivo, ainda que sejam ellas justificadas, perderá o anno e será excluido do estabelecimento. Poderá, porem, matricular-se no anno seguinte, caso o mereça por seu procedimento e applicação.

§ unico. Por uma falta não justificada marcar-se-ão dous pontos.

CAPITULO IV

DAS RECOMPENSAS

Art. 49º. As recompensas conferidas aos alumnos serão:

1ª —Boas notas nas cadernetas das aulas.

2ª —Bancos de honra, de que haverá até seis em cada aula, obtidos em concurso bimensaes, que se realisarão nos mezes de Maio, Julho, Setembro e Novembro.

3ª —Premios, de que haverá até trez em cada anno, numerados ordinalmente e conferidos aos melhores dentre os alumnos que tiverem obtido distincção no respectivo exame de promoção, ou no de mudureza.

§ 1º. A primeira dessas recompensas será conferida pelos lentes e professores, a segunda pelo director, sob proposta dos lentes, e a ultima pela congregação, por occasião da collação de gráu.

§ 2º. Os alumnos que obtiverem a segunda recompensa terão nas aulas logares especiaes.

TITULO III

Do Magisterio

CAPITULO I

DO PESSOAL DOCENTE

Art. 50º. Os funccionarios do corpo docente do Gymnasio terão todos a categoria de lentes cathedraticos, com excepção dos que ensinarem desenho e gymnastica, que serão: o primeiro professor e o segundo mestre.

§ 1º. Os lentes serão nomeados pelo Presidente do Estado, mediante concurso.

§ 2º. O professor de desenho e o mestre de gymnastica serão nomeados tambem pelo Presidente do Estado, por proposta do director do Gymnasio.

Art. 51º. Ao pessoal docente do Gymnasio cumpre, além de outras obrigações definidas neste regulamento:

1º. Comparecer ás aulas com pontualidade, dar as licções nos dias e horas marcados, occupando-se exclusivamente, na classe, com o ensino das materias que professam, e, no caso de impedimento, participará ao director com a possivel antecedencia.

2º. Comparecer ás secções da congregação e actos de concurso.

3º. Cumprir o programma de ensino, o qual deverá ser limitado á doutrina exclusivamente util, sã e substancial, evitando, no mais alto gráu, ostentação apparatosa de conhecimentos.

4º. Começar e concluir o ensino da cadeira a seu cargo, por uma serie de licções tendentes a ligar o assumpto ao das disciplinas anteriores e subsequentes.

5º. Propôr aos alumnos todos os exercicios que lhes possam desenvolver a intelligencia, nortear o caracter e fortalecer os conhecimentos adquiridos.

6º. Marcar com 48 horas de antecedencia, pelo menos, a materia das sabbatinas escriptas, habituando os alumnos a este genero de provas para os exames.

7º. Marcar, de dois em dois mezes, um concurso sobre questão da materia ensinada; julgar com cuidadosa attenção as provas deste concurso e, á vista dellas, propôr os seis melhores alumnos da sua aula merecedores do *banco de honra*.

8º. Comparecer aos exames nos dias e horas determinados, funccionando nos mesmos exames como presidentes ou arguentes, conforme lhes competir.

9º. Observar as instrucções e recommendações do director, no concernente á policia interna das aulas e auxilial-o na manutenção da ordem e da disciplina.

10º. Satisfazer a todas as requisições feitas pelo director, no interesse do ensino.

Art. 52º. O pessoal docente do Gymnasio tem os vencimentos marcados em lei, sendo dois terços o ordenado. propriamente dito, e um terço a gratificação, *pro labore*

Art. 53º. O pessoal do Gymnasio é obrigado a ponto de entrada e sahida, sob a fiscalisação immediata do director e do secretario.

Art. 54º. Os lentes serão substituidos por outros lentes designados pelo director, nos casos de impedimentos temporarios, e por outros lentes ou pessoas extranhas, de reconhecida idoneidade, nomeada pelo Presidente do Estado, nos casos de licença ou vaga.

CAPITULO II

DAS FALTAS E PENAS DISCIPLINARES

Art. 55º. O docente do Gymnasio que faltar, por mais de trez dias, no mez, a aula, a exame, ás sessões da congregação e aos actos de concurso, perderá a gratificação correspondente, no caso de justificar a sua ausencia; e, quando não a justifique, incorrerá na perda do vencimento. O mesmo succederá ao que ausentar-se da classe antes de terminado o tempo marcado pelo horario do estabelecimento.

Art. 56º. O secretario, á vista do livro do ponto, das cadernetas e livros das actas, organisará, no fim de cada mez, a lista completa das faltas e apresentará ao director, que attendendo os motivos allegados, poderá considerar justificadas até o numero de oito.

Art. 57º. As faltas só poderão ser justificadas até o fim do mez em que forem commettidas.

Art. 58º. O trabalho da congregação pretere a qualquer outro na mesma hora, mas não o de dar aula, desde que, pelo horario organisado, esta é uma hora anterior ou posterior á da sessão da congregação.

Art. 59º. Os docentes que deixarem de comparecer, para exercer as respectivas funcções, por espaço de trinta dias, sem que justifiquem as suas faltas, na conformidade deste regulamento, são considerados renunciantes do magisterio e os seus logarês serão julgados vagos pelo governo, ouvida a congregação.

Art. 60º. O docente nomeado, que dentro de um mez não comparecer para tomar posse, sem communicar ao director. a razão justificativa da demora, perderá a cadeira para a qual foi nomeado, sendo-lhe a pena imposta pelo governo, depois de ouvida a congregação.

Art. 61º. Expirado o prazo na hypothese do art. 60º, o director convocará a congregação, a qual, tomando conhecimento do facto e de todas as suas circumstancias, decidirá a respeito, ·expondo minuciosamente os fundamentos da sua decisão.

Art. 62º. Verificada a demora da posse, de que trata o art. 60º e decidida pela congregação a procedencia ou improcedencia da justificação, si tiver havido, o director participará ao governo o que occorrer, para sua final decisão.

Art. 63º. Qualquer divergencia que a respeito do serviço do estabelecimento houver entre o director e algum docente, deve por aquelle ser presente á congregação.

Art. 64º. Nos casos que affectarem gravemente á moral, o director deverá suspender desde logo o docente, até a decisão do governo, levando immediatamente o facto ao conhecimento deste e da congregação.

Art. 65º. Nos casos do artigo precedente, ou em outros de menor gravidade, serão levados pelo director o facto ou factos praticados ao conhecimento da congregação, que nomeará uma commissão de syndicancia, e mandará que o accusado responda dentro de oito dias.

Art. 66º. Dentro de quinze dias, com a resposta do accusado ou sem ella, a commissão deverá apresentar o seu parecer motivado.

Art. 67º. A' vista do parecer da commissão a congregação resolverá se o accusado deve ser simplesmente advertido pelo director, ou se deve propôr ao governo a sua suspensão por 3 mezes a um anno, ou a perda da cadeira.

Art. 68º. Constituem motivos para simples advertencia ao docente:

1º. Negligencia ou má vontade no cumprimento de seus deveres.

2º. Não dar bons exemplos aos alumnos.

3º. Não comprehender a verdadeira orientação no ensino moral e intellectual dos alumnos.

4º. Deixar de dar aula, sem motivo justificado, por mais de 3 dias em um mez.

5º. Infringir qualquer disposição deste regulamento.

Art. 69º. Constitue motivo para suspensão temporaria das funcções a obstinada reincidencia nas faltas passiveis de advertencia, do artigo antecedente.

Art. 70º. Constituem motivos para applicação da perda da cadeira, alem das faltas constantes dos arts. 60º e 61º, e depois do respectivo processo perante a congregação:

1º. Ser o docente arguido de qualquer crime publico.

2º. Fomentar immoralidades entre os alumnos.

Art. 71º. Aos lentes do Gymnasio é expressamente prohibido dirigirem cursos retribuidos das materias que professam ali, sob pena de eliminação do quadro, uma vez condemnados em processo disciplinar summario, a que serão submettidos perante a congregação.

§ unico. Este processo poderá ser iniciado:

I—Por ordem do Presidente do Estado.

II—Por ordem do secretario do Interior, ou por iniciativa do director do Gymnasio.

III—Por denuncia documentada de qualquer cidadão.

CAPITULO III

DA CONGREGAÇÃO

Art. 72º. Os lentes do Gymnasio, reunidos sob a presidencia do director, compõem uma congregação, que funccionará com a maioria de seus membros.

Art. 73º. Cabe-lhe:

1º. Organisar o horario das aulas, no começo de cada anno lectivo, e propôr os compendios que deverão ser adoptados nas aulas.

2º. Eleger, de accordo com o art. 14º, as commissões do exame de madureza para os candidatos ao titulo de bacharel em sciencias e lettras.

3º. Propôr ao governo as reformas e melhoramentos que convier introduzir no ensino do Gymnasio.

4º. Prestar as informações e dar os pareceres que lhe forem exigidos pela autoridade superior.

5º. Eleger os dois examinadores e o juiz dos concursos, na forma do art. 84º; apreciar o resultado destes e propôr, com informação reservada do director, quem, no seu entender, está no caso de ser nomeado.

6º. Decidir sobre os *bancos de honra*, premios e outras distincções conferidas aos alumnos, á vista das propostas dos respectivos lentes e do director.

7º. Nomear, em cada anno, um ·de seus membros para apresentar memoria historica acerca do estabelecimento, resultados collectivos e especiaes de cada aula e as necessidades de que se resentir o ensino.

Art. 74º. O director convocará a congregação quando fôr mistér.

Art. 75º. O secretario do Gymnasio exercerá as funcções de secretario da congregação, cumprindo todos os deveres inherentes a este cargo.

Art. 76º. A congregação tratará das questões que lhe fôrem submettidas, ou directamente ou por meio de commissões que elegerá para estudal-as.

Art. 77º. As deliberações da congregação serão tomadas por maioria absoluta de votos dos membros presentes, ou por votação nominal.

Tratando-se de questões de interesse pessoal, votar-se-á por escrutinio secreto, e não poderão intervir os lentes e professores que com a parte interessada tiverem parentesco de consanguinidade ou affinidade até o segundo grau civil.

Art. 78º. O director sómente terá voto de qualidade no caso de empate.

Terá, porem, alem daquelle voto, o de membro da congregação, se estiver no exercicio simultaneo de director e lente.

CAPITULO IV

DOS CONCURSOS

Art. 79º. Os logares de lentes do Gymnasio Paranaense, que vagarem, serão preenchidos por concurso.

Art. 80º. Verificada a vaga o director mandará annunciar concurso, marcando para a inscripção o prazo de trez mezes.

§ unico. Para esta inscripção exigir-se-á: prova de moralidade, mediante folha corrida, documentos que attestem maioridade legal e capacidade physica.

Os ˙candidatos poderão, entretanto, accrescentar quaesquer documentos de capacidade profissional em seu abono.

Art. 81º. A inscripção poderá ser feita por procurador si o candidato tiver justo motivo de impedimento.

Art. 82º. Caso termine em tempo de ferias o prazo para a inscripção, conservar-se-á aberta até ao primeiro dia util que se seguir ao termo dellas.

Art. 83º. Si, depois de expirar o prazo da inscripção nenhum candidato se apresentar, o director mandará annunciar nova inscripção, cujo prazo será tambem de trez mezes, e, se ainda ninguem se apresentar, poderá ser preenchida a vaga por nomeação do governo, sob proposta da congregação.

Art. 84º. Encerrada a inscripção e publicados em edital os nomes dos concurrentes, o director convocará a congregação para eleger dois examinadores e o juiz do concurso, compondo estes trez membros a commissão julgadora, sob a presidencia do mesmo director.

§ unico. Dado que a congregação resolva não tirar de seu seio os dois examinadores a que se refere este artigo, o director convidará pessoas extranhas ao corpo docente do Gymnasio.

Art. 85º. Constituida a commissão julgadora, designar-se-á dia e hora para o começo das provas, o que será annunciado com a conveniente antecedencia.

Art. 86º. Os concursos se effectuarão perante a congregação, e as provas serão:

1ª. Prova escripta.

2ª. Prelecção oral.

3ª. Prova pratica.

4ª. Arguição dos examinadores sobre os assumptos das provas escripta e oral.

Art. 87º. A prova escripta, no concurso de linguas, constará de dissertação sobre assumpto grammatical ou philologico, feita na lingua da cadeira cuja vaga se trata de preencher, ou em portuguez, si se tratar da cadeira desta disciplina, ou de uma das de linguas mortas.

Art. 88º. A prova oral constará de prelecção, em portuguez, sobre assumpto relativo á litteratura da lingua e durará uma hora (art. 85º do codigo dos institutos officiaes de ensino superior e secundario). Como complemento desta prova o candidato fará a leitura e traducção de um trecho sufficientemente longo (sorteado) de classico notavel, ou de reputado autor contemporaneo (tambem sorteado), e analyse commentada do referido trecho, sob os diversos aspectos linguisticos.

Para cumprimento desta ultima disposição será sorteado ponto logo depois da prelecção, concedendo-se ao candidato meia hora para reflectir e até igual tempo para expôr.

Art. 89º. A prova escripta, no concurso de sciencias, constará de dissertação sobre ponto sorteado, relativo ao assumpto de uma parte da cadeira vaga, e de trez proporções sobre a outra, ou sobre cada uma das outras partes, sendo igualmente sorteado o ponto para as ditas proposições.

Art. 90º. A prova pratica de physica e chimica, ou de historia natural, realisar-se-á no respectivo gabinete, sobre um ponto de physica e outro de chimica, ou sobre um ponto de botanica, outro de zoologia e outro de mineralogia, sendo cada candidato obrigado a apresentar relatorio do trabalho que tiver executado.

A de astronomia versará sobre quatro questões praticas.

Art. 91º. A prova pratica de desenho constará da resolução graphica, a nankin e a sépia, de um problema do dominio da geometria descriptiva elementar e da theoria das sombras correlativas e da execução, á mão livre, de um desenho completo de ornato, de estylo caracteristico, com o natural ou modelo á vista.

Art. 92º. As trez primeiras provas versarão sobre pontos tirados á sorte por um dos candidatos, os quaes serão organisados pela commissão julgadora no dia de cada prova, e a escripta será feita a portas fechadas, sendo as outras publicas.

Art. 93º. A arguição sobre o objecto da prova oral se realisará em acto consecutivo á exhibição da mesma prova, e a arguição sobre a prova escripta no dia seguinte ao da leitura publica da prova.

Art. 94º. O lente que não comparecer a qualquer das provas 2ª, 3ª e 4ª de que trata o art. 86º, perderá o direito de voto.

Art. 95º. Concluida a ultima prova serão todas julgadas pela commissão examinadora, que emittirá, por escripto, juizo fundamentado sobre cada uma dellas, e proporá a classificação dos candidatos. De posse deste parecer e de todos os papeis referentes ao concurso, a con-

3º. Assistir ás sessões da congregação, não lhe cabendo o direito de votar, nem de discutir, podendo, porem, ser ouvido para alguma informação, quando assim o determinar o presidente; e, finda a sessão, lavrar, escrever e subscrever a acta com toda a fidelidade.

4º. Escrever e subscrever os termos de exame.

5º. Encerrar o ponto do pessoal do Gymnasio, registrando em livro especial as faltas dos lentes e professores.

6º. Convidar os membros constituintes das mezas examinadoras, annunciar os dias de exame e os em que se deve reunir a congregação.

7º. Ter em boa ordem e devidamente catalogados os livros e papeis a seu cargo.

8º. Propôr ao director tudo quanto fôr a bem do serviço da secretaria.

9º. Organisar a folha dos vencimentos dos empregados da secretaria e do pessoal docente, á vista dos respectivos livros de ponto.

10º. Annunciar os prazos das matriculas, exames, abertura e encerramento das aulas, e fazer quaesquer outras publicações determinadas pelo director.

11º. Annunciar, por editaes, o concurso para o provimento das cadeiras que vagarem, segundo as instrucções que receber.

12º. Ter a secretaria aberta, todos os dias uteis, durante o funccionamento das aulas e trabalhos de exame, dando as necessarias ordens a respeito.

13º. Expedir as guias de pagamento e contribuição dos alumnos.

14º. Avisar o director, com a devida antecedencia, sobre o estado de cada verba por lei consignada e instruir com os necessarios esclarecimentos todos os negocios que subirem ao conhecimento do mesmo director, relativamente á parte economica do estabelecimento.

15º. Organisar o quadro estatistico dos estabelecimentos de instrucção secundaria.

16º. Apresentar opportunamente ao director o orçamento das despezas a fazer-se com o pessoal e material do ensino publico.

17º. Trazer em dia a escripturação dos seguintes livros:

a) do assentamento ou matricula de todo o pessoal docente e administrativo do Gymnasio, em que conste a data da nomeação, as licenças, impedimentos e exonerações;

b) dos termos de exames e admissão;

c) dos termos de exame de sufficiencia ou de promoções successivas;

d) dos termos de exames finaes;

e) dos termos de exames de madureza dos alumnos do Gymnasio;

f) dos termos de exames de madureza dos alumnos de estabelecimentos particulares;

g) dos termos de exames geraes de preparatorios;

h) de matricula dos alumnos;

i) de actas da congregação;

j) de registro de cartas de bachareis em sciencias e lettras.

Art. 99º. Alèm destes deverá escripturar outros livros que se tornarem necessarios á boa marcha do serviço.

CAPITULO IV

DO AMANUENSE

Art. 100º. Ao amanuense compete auxiliar o secretario, fazendo todo o serviço que este lhe conferir, inclusive o do archivo da repartição.

§ unico. A sua nomeação será feita pelo Presidente do Estado.

CAPITULO V

DO INSPECTOR DE ALUMNOS

Art. 101º. O inspector de alumnos é o responsavel pela policia interna do Gymnasio, exercendo severa vigilancia sobre os alumnos, de modo a ser mantido o respeito mutuo entre elles, a ordem no estabelecimento, e não ser damnificado o material.

Art. 102º. Cumpre-lhe communicar immediatamente ao director as occurrencias geraes que houver.

§ unico. A sua nomeação será feita pelo Presidente do Estado.

CAPITULO VI

DO PORTEIRO E BEDÉL

Art. 103º. Ao porteiro e bedél cumpre:

1º. Abrir e fechar o Gymnasio as horas que lhe forem marcadas pelo secretario.

2º. Conservar em asseio e ordem todo o estabeleci-mento, por cuja segurança ficará responsavel.

3º. Receber os requerimentos das partes, encami-nhando-os á secretaria.

4º. Advertir as·pessoas que no recinto do Gymna-sio não procederem com a devida regularidade, commu-nicando ao secretario qualquer incidente contrario á boa ordem, desde que não forem attendidas as advertencias.

5º. Auxiliar o amanuense no serviço dos exames, concursos e outros, conforme lhe determinar o secretario.

6º. Ter sob sua guarda todos os moveis e objectos pertencentes ao estabelecimento.

7º. Endereçar pelo correio aos paes dos alumnos, ou a quem suas vezes fizer, os boletins relativos ás no-tas de procedimento e applicação, bem como dirigir aos lentes e professores os avisos concernentes aos dias de exames e de reunião da congregação.

8º. Executar todas as ordens que receber do director ou do secretario em relação ao serviço publico.

9º. Sellar a correspondencia que tenha de ser ex-pedida pelo correio, protocolando-a em livro proprio, con-junctamente com a que deva ser entregue na capital.

Como bedél cumpre-lhe:

1º. Ter sob sua guarda o livro do ponto dos lentes e professores, abrir e fechal-o.

2º. Tomar com escrupuloso cuidado as notas rela-tivas ás faltas dos lentes e professores, transmittindo mensalmente ao secretario os devidos apontamentos.

3º. Dar o toque de signal para o começo e encer-ramento de cada aula.

4º. Organisar as listas de cada aula, apresental-as aos lentes e professores, na occasião em que entrem estes para a classe.

5º. Relacionar com rigorosa éxactidão as notas de applicação e procedimento, bem como as faltas de cada alumno, de modo que possa o lente ou professor lavrar de 2 em 2 mezes, a média das notas merecidas pelos alumnos.

6º. Ter sob sua guarda papel, pennas, tinta e mais objectos necessarios para o uso dos alumnos, fornecen-do-os, desde que sejão pedidos pelos lentes ou profes-sores.

7º. Apresentar diariamente ao secretario as notas relativas ás faltas dos alumnos, assim como as que se referirem ao procedimento e applicação que tiverem es-tes merecido nas aulas.

8º. Auxiliar os lentes e o inspector de alumnos no policiamento das aulas.

§ unico. A nomeação do porteiro e bedél será feita pelo Presidente do Estado.

CAPITULO VII

DO CONTINUO

Art. 104º. O continuo será nomeado por portaria do director.

Art. 105º. A elle cumpre:

1º. Comparecer á secretaria ás 9½ horas da manhã em ponto.

2º. Prover as mezas do secretario e dos demais empregados com os objectos necessarios ao serviço.

3º. Acudir ao chamado dos empregados e executar promptamente as suas ordens concernentes ao serviço publico.

4º. Cuidar da arrumação e ordem das leis e outros livros diariamente consultados.

5º. Cumprir as ordens que em relação ao serviço lhe derem o director, secretario e o porteiro.

6º. Substituir o porteiro em suas faltas ou impedimentos temporarios.

7º. Fechar cuidadosamente a correspondencia que receber, e levar á repartição postal a que tenha de ser expedida por seu intermedio.

8º. Entregar no mesmo dia da expedição os officios e papeis que fôrem dirigidos ás autoridades e quaesquer outras pessoas residentes na capital.

CAPITULO VIII

DOS SERVENTES

Art. 106º. Os serventes serão nomeados por portaria do director.

Art. 107º. Cumpre-lhes:

1º. Comparecer á secretaria á mesma hora marcada para o porteiro.

2º. Cuidar da limpeza da repartição e do asseio das mezas do director e dos demais empregados, observando fielmente as recommendações que a respeito lhes fizer o porteiro.

3º. Acudir, todas as vezes que se acharem na secretaria, ao toque de campainha, auxiliando assim o continuo.

CAPITULO IX

DOS VENCIMENTOS E DESCONTOS

Art. 108⁰. Os vencimentos do pessoal administrativo do Gymnasio são os fixados em lei, sendo dois terços o ordenado e um terço a gratificação, *pro labore*.

Art. 109⁰. As faltas de exercicio dos empregados são abonadas, justificadas e injustificadas.

Art. 110⁰. São abonadas as faltas em consequencia de:

1⁰ serviço publico gratuito ou obrigatorio por força de lei, ou determinação do governo.

2⁰ por molestia, não excedendo de 3 as faltas durante o mez.

3⁰ por motivo de anojamento e de gala de casamento, a saber:

a) por morte de paes, avós ou mulher, 7 dias;
b) » » tios, irmãos e cunhados, 5 dias;
c) » » sogro, sogra, genro e nóra, 5 dias;
d) » » descendentes puberes, 7 dias;
e) » gala de casamento, 7 dias.

Art. 111⁰. São justificadas as faltas por molestia, attestadas por facultativo, quando excederem de 3 até quinze dias.

Art. 112⁰. São injustificadas as faltas que não estiverem comprehendidas em algum dos casos especificados nos artigos precedentes.

Art. 113⁰. As faltas abonadas dão direito a todos os vencimentos e são computadas como tempo de serviço effectivo, as justificadas fazem perder apenas a gratificação, e as não justificadas todos os vencimentos.

Art. 114⁰. As faltas por motivo de suspensão disciplinar, ou em virtude de pronuncia em crime commum, acarretam a perda total dos vencimentos durante o prazo daquella e durante os effeitos desta, bem como as que excederem as licenças.

Art. 115⁰. O desconto por faltas interpoladas recahirá somente nos dias em que estas se derem, mas se ellas forem successivas o desconto se estenderá tambem aos dias que, não sendo de serviço, ficarem comprehendidos no periodo das licenças.

Art. 116⁰. Não são applicaveis ao director do Gymnasio as disposições do art. 109 e subsequentes.

CAPITULO X

DAS SUBSTITUIÇÕES

Art. 117º. Os empregados da administração do Gymnasio serão substituidos pela forma seguinte:

I—O director, em suas faltas e impedimentos, será substituido pelo lente mais antigo do estabelecimento que estiver em exercicio, e nos impedimentos prolongados por quem for nomeado interinamente pelo Presidente do Estado.

II—O secretario, em igualdade de condições, será substituido pelo amanuense, e si este estiver ausente da repartição, por motivo legal, o director proporá ao governo a nomeação de uma pessoa para exercer interinamente aquelle cargo.

III—O amanuense, em caso de impedimento maior de quinze dias, será substituido por quem for nomeado pelo Presidente do Estado, sob proposta do director, e bem assim o inspector de alumnos.

IV— O porteiro, em suas faltas ou impedimentos temporarios, será substituido pelo continuo, e, quando este estiver licenciado, por quem for nomeado interinamente pelo presidente do Estado, mediante indicação do director.

V—O continuo, em suas faltas ou impedimentos temporarios, será substituido pelo mais antigo dos serventes, ou quando elle estiver accumulando as funcções de porteiro nos seus impedimentos temporarios.

O servente, porém, ainda mesmo no caso de substituição do continuo, não poderá desempenhar as funcções que competem ao porteiro, cumprindo ao director providenciar do modo que julgar conveniente para que não soffra o serviço.

Art. 118º. Os empregados administrativos do Gymnasio, em caso de substituição, perceberão seus proprios vencimentos e mais as gratificações dos substituidos.

§ unico. Quando os substituidos. por motivo legal, conservarem os seus vencimentos, as gratificações serão pagas aos substitutos pela verba «Eventuaes», do orçamento em vigor, pertencente á Secretaria do Interior.

CAPITULO XI

DAS LICENÇAS

Art. 119º. As licenças dos empregados administrativos, assim como as do pessoal docente do Gymnasio e de nomeação do Presidente do Estado serão concedidas por elle ·até seis mezes, e reguladas pelo modo que se segue:

§ 1º. No caso de molestia, comprovada com attestado medico, perceberão o ordenado, se a licença não exceder de quatro mezes, tendo apenas direito a metade pelo tempo que faltar para completar os seis mezes.

§ 2º. Sendo a licença dada por outro qualquer motivo attendivel, a juizo do governo, o funccionario não terá direito a vencimento algum.

§ 3º. No caso de licença não se accumulará o ordenado e a gratificação, salvo disposição legislativa especial.

Art. 120º. As licenças do continuo e serventes serão dadas pelo director do Gymnasio até seis mezes, observadas as regras estabelecidas nos paragraphos do artigo precedente.

Art. 121º. As licenças devem contar-se da data do *cumpra-se* do chefe da repartição.

§ 1º. O prazo para a apresentação dellas é de trinta dias contados da data da concessão.

§ 2º. Depois de lançado o *cumpra-se* não pode o funccionario continuar em exercicio, salvo si desistir da licença.

§ 3º. O sello devido por ellas tem de ser pago antes do *cumpra-se*.

§ 4º. A licença concedida ao director do Gymnasio não está sujeita á formalidade do *cumpra-se* devendo começar a vigorar quando apresentada para esse fim, dentro do prazo do § 1º.

Art. 122º. Ficam sem effeito as licenças que não forem começadas a gosar dentro do prazo marcado no § 1º, do artigo anterior.

Art. 123º. As licenças com ordenado só aproveitam aos funccionarios de nomeação effectiva.

Art. 124º. Os requerimentos de licença deverão ser acompanhados de informação, em que o director do Gymnasio emitta claramente a sua opinião sobre a concessão della.

Art. 125º. Só podem ser dadas novas licenças depois de passado um anno do termo da ultima, salvo o caso de molestia grave.

Art. 126º. O director do Gymnasio poderá conceder aos empregados do mesmo estabelecimento até quinze dias de licença, com ou sem ordenado, e o secretario até 3 dias, nestas condições.

Art. 127º. E' permittido ao funccionario que entrar no goso de licença renuncial-a pelo resto do prazo, devendo neste caso fazer a necessaria communicação ao respectivo chefe.

Art. 128º. Não se concederá licença com ordenado ao funccionario que não estiver no effectivo exercicio do cargo, para o qual haja sido nomeado, mais de trinta dias.

Art. 129º. Toda licença entende-se concedida com a faculdade de poder o funccionario gosal-a onde lhe convier.

CAPITULO XII

DO PONTO E DAS PENAS

Art. 130º. Na secretaria do Gymnasio haverá um livro do—ponto—para nelle os empregados assignarem seus nomes ás horas marcadas para o começo e a conclusão dos trabalhos, sendo encerrado pelo secretario.

Art. 131º. Quinze minutos antes de findar o expediente, o secretario mandará abrir o livro do ponto para ser assignado pelos empregados na sahida da repartição.

Art. 132º. Ao empregado que comparecer depois de encerrado o ponto, mas dentro da primeira hora que se seguir á fixada para o começo dos trabalhos, justificando a demora, se descontará a metade da gratificação.

Art. 133º. O que comparecer mais tarde, embora justifique a demora, ou retirar-se da repartição sem licença do director ou do secretario, perderá toda a gratificação.

§ unico. O comparecimento depois de encerrado o ponto, sem motivo justificado, implica a perda de todo o vencimento.

Art. 134º. Nenhum desconto ,porem, se fará ao empregado que não comparecer á hora marcada, ou não assignar o ponto:

I—Emquanto estiver em serviço da repartição, fóra della.

II—Quando fôr sorteado jurado e durante o tempo em que fizer parte do tribunal do jury.

III—Nos dias em que tiver de votar.

§ unico. Em todos esses casos se deverá fazer a devida annotação no livro do ponto.

Art. 135º. O director do Gymnasio e o respectivo secretario estão isentos do ponto.

Art. 136º. Os empregados do Gymnasio, nos casos de negligencia, desobediencia ou falta de cumprimento de deveres, incorrem nas penas disciplinares seguintes:

I—Advertencia ;

II—Reprehensão verbal ou por escripto, conforme a gravidade da falta;

III—Suspensão por oito a quinze dias ;

IV—Suspensão por um a trez mezes.

Art. 137º. Estas penas serão impostas:

§ 1º. Pelo Presidente do Estado todas.

§ 2º. Pelo director do Gymnasio as de que tratam os ns. I, II e III do artigo antecedente.

§ 3º. Pelo secretario respectivo as constantes dos ns. I e II do mesmo artigo.

Art. 138º. A suspensão disciplinar importa na perda de todos os vencimentos, de accordo com o art. 114º.

Art. 139º. As penas de que trata o art. 114º, não são applicaveis ao director do Gymnasio.

TITULO V
Disposições Geraes

Art. 140º. Sem prejuizo do curso seriado do Gymnasio continúa permittida a matricula, como ouvintes, aos candidatos ao estudo de preparatorios avulsos, cuja frequencia é livre.

Art. 141º. De conformidade com as instrucções do governo federal, haverá no Gymnasio exames geraes de preparatorios parcellados sob a direcção do delegado fiscal do mesmo governo, auxiliado pelo director daquelle estabelecimento.

Art. 142º. Os lentes do Gymnasio são obrigados a servir gratuitamente de examinadores nos exames geraes de preparatorios das materias de suas respectivas cadeiras, sob pena de perderem a gratificação durante as férias.

Art. 143º. Emquanto não estiver em execução o exame de madureza, o titulo de bacharel em sciencias e lettras será conferido aos alumnos que forem approvados em todas as materias do sexto anno, e o exame final de cada disciplina, excluida a revisão, valerá para a matricula nos cursos superiores.

Art. 144º. Nenhum empregado administrativo do Gymnasio poderá ser procurador de partes em negocios que directa ou indirectamente depender da repartição.

Art. 145º. As duvidas que por ventura se suscitarem na intelligencia ou execução deste regulamento serão resolvidas por decisão do secretario de Estado dos Negocios do Interior.

Art. 146º. Revogam-se as disposições em contrario.

Secretaria de Estado dos Negocios do Interior, Justiça e Instrucção Publica do Paraná, em 28 de Setembro de 1905.

BENTO JOSÉ LAMENHA LINS.

Decreto n. 360—de 3 de Outubro de 1905

O 1º Vice-Presidente do Estado do Paraná, usando da autorisação que lhe confere o art. 1º da lei n. 589, de 20 de Março ultimo, resolve nomear, para exercer o cargo de prefeito municipal de Santo Antonio do Ìmbituva, o coronel Antonio Alves Pires.

Palacio da Presidencia do Estado do Paraná, em 3 de Outubro de 1905

JOÃO CANDIDO FERREIRA

BENTO JOSÉ LAMENHA LINS

Decreto n. 363—de 6 de Outubro de 1905

O 1º Vice-Presidente do Estado do Paraná, considerando que foi insufficiente o prazo marcado para a inscripção das apolices a que se refere o dec. n. 345, de 16 de Setembro ultimo, visto não terem podido preencher essa formalidade grande numero de possuidores desses titulos, resolve prorogar o referido prazo até o dia 10 de Novembro p. vindouro; revogadas as disposições em contrario.

Palacio da Presidencia do Estado do Paraná, em 6 de Outubro de 1905.

JOÃO CANDIDO FERREIRA.

JOAQUIM P. P. CHICHORRO JUNIOR.

Decreto n. 364—de 10 de Outubro de 1905

O 1º Vice-Presidente do Estado do Paraná, attendendo a que a lei n. 576, de 7 de Março de 1905, abrogou a lei n. 282, de 2 de Agosto de 1898, e mandou que as eleições do Estado e municipios fossem reguladas pela lei n. 131, de 27 de Dezembro de 1904, e considerando:

1º. Que esta ultima lei determina em seu art. 27º, que serão observadas no processo eleitoral as disposições estabelecidas em lei para o processo das eleições federaes;

2º. Que a lei n. 1269, de 15 de Novembro de 1904, actualmente em vigor para estas eleições, prescreve, no art. 62º, que aos primeiros supplentes do substituto do juiz seccional compete convidar por officio e edital os membros da junta para organisação das mezas eleitoraes;

3º. Que não se acham ainda nomeados os supplentes do substituto do juiz federal e ajudante do procurador da Republica em varios municipios do Estado, constando, alêm disso, que ainda não prestaram a promessa legal outros já nomeados;

4º. Que esta circumstancia importa em grave turbação do processo eleitoral, que o poder publico deve prevenir e remediar;

5º. Que o art. 44º da citada lei n. 131, de 27 de Dezembro de 1894, ora em vigor, diz: «O governador do Estado, sempre que haja motivo justificado, poderá adiar as eleições, marcando novo dia para ter ella logar, conforme entender conveniente», decreta:

Art. 1º. Fica adiada para 20 de Dezembro de 1905 a eleição para deputados ao Congresso Legislativo do Estado do Paraná.

Art. 2º. Revogam-se as disposições em contrario.

Palacio da Presidencia do Estado do Paraná, em 6 de Outubro de 1905.

JOÃO CANDIDO FERREIRA.

BENTO JOSÉ LAMENHA LINS.

Decreto n. 366—de 10 de Outubro de 1905

O 1º Vice-Presidente do Estado do Paraná, sob proposta do dr. chefe de policia e por conveniencia do serviço, resolve crear no termo de Palmas um districto policial com a denominação de Barracão, que terá as seguintes divisas: Do rio Chopim a procurar as cabeceiras do Capetinga, por este abaixo até sua foz no rio das Antas, por este abaixo até o Uruguay, descendo este até a barra do rio Pepery-guassú por este acima até as contravertentes do rio Santo Antonio-guassú (divisas com a Republica Argentina) da barra do Santo Antonio-guassú subindo o rio Iguassú até a barra do rio Chopim e por este acima até enfrentar as cabeceiras do rio Capetinga.

Palacio da Presidencia do Estado do Paraná, em 10 de Outubro de 1905.

JOÃO CANDIDO FERREIRA.

BENTO JOSÉ LAMENHA LINS.

Decreto n. 369—de 10 de Outubro de 1905

O 1º Vice-Presidente do Estado do Paraná resolve que, na conformidade do art. 1º da lei n. 576, de 7 de Março de 1905 e o art. 27º da lei n. 131, de 27 de Dezembro de 1894, se observem, para a eleição de deputados ao Congresso Legislativo do Estado, as instrucções que a este acompanham, assignadas pelo secretario do Interior, Justiça e Instrucção Publica.

Palacio da Presidencia do Estado do Paraná, em 10 de Outubro de 1905.

JOÃO CANDIDO FERREIRA.

BENTO JOSÉ LAMENHA LINS.

INSTRUCÇÕES

Para a eleição de deputados ao Congresso
Legislativo do Estado

Na eleição para deputados ao Congresso Legislativo do Estado deverão ser observadas as seguintes disposições:

Art. 1º. A eleição se fará em todo o Estado no dia 20 de Dezembro de 1905, e nella votarão todos os eleitores ultimamente alistados, de accordo com a lei federal n. 1269, de 15 de Novembro de 1904 (dec. n. 364, de 6 de Outubro e lei n. 576, de 7 de Março de 1905, art. 1º).

Art. 2º. Cada eleitor votará em vinte nomes (lei n. 131, de 27 de Dezembro de 1894, art. 14º).

Art. 3º. A eleição será por escrutinio secreto, mas é permittido ao eleitor votar a descoberto.

§ unico. O voto a descoberto será dado, apresentando o eleitor duas cedulas, que assignará perante a meza eleitoral, uma das quaes será depositada na urna e a outra ficará em seu poder, depois de datadas e rubricadas ambas pelos mezarios (lei n. 1269, art. 57º).

Art. 4º. No caso do eleitor escrever em sua cedula menos de vinte nomes será esta, não obstante, apurada.

Si a cedula contiver maior numero de votos do que aquelle de que o eleitor pôde dispôr, serão apurados somente, na ordem da collocação, os nomes precedentemente escriptos até se completar o numero legal, desprezando-se os excedentes (lei n. 1269, art. 59º).

Art. 5º. A eleição se fará por secções de municipio, perante mezas encarregadas do recebimento das cedulas e mais trabalhos do processo eleitoral (lei n. 1269, art. 60º).

Art. 6º. As mezas serão organisadas por uma junta composta do 1º supplente do substituto do juiz seccional, como presidente, sem voto, do ajudante do procurador da Republica, tambem sem voto, dos membros effectivos da commissão de alistamento e dos seus respectivos supplentes. Na capital funccionará o procurador da Republica.

§ 1º. O 1º supplente do substituto do juiz seccional será substituido, em suas faltas e impedimentos, pelos outros supplentes, na respectiva ordem.

§ 2º. Funccionará como secretario da junta o ajudante do procurador seccional, o qual lavrará as actas em livro proprio, que ficará sob sua guarda (lei n. 1269, art. 61º).

Art. 7º. No dia 10 de Novembro deste anno o 1º supplente do substituto do juiz seccional convidará, por officio e por edital, os membros da junta de que trata o artigo anterior a se reunirem, no dia 20 do mesmo mez, no edificio do governo municipal, ao meio dia, para a organisação das mezas eleitoraes.

§ 1º. Si o supplente do substituto do juiz seccional até o dia 15 de Novembro não tiver convocado a referida junta, será feita a convocação pelos seus substitutos, pelo ajudante do procurador seccional, ou por qualquer dos membros da junta.

§ 2º. Em todo caso a junta reunir-se-á no dia fixado para a organisação das mezas e, na falta do 1º supplente do substituto do juiz seccional e de seus immediatos, elegerá, á pluralidade de votos, o presidente dentre os seus membros.

§ 3º. A junta funccionará no dia, logar e hora designados, com os membros que comparecerem, não sendo permittida a substituição dos que faltarem, houverem fallecido ou mudado de residencia (lei n. 1269, art. 62º).

Art. 8º. Cada meza compor-se-á de cinco membros effectivos, havendo igual numero de supplentes, que terão de substituir aquelles em suas faltas, segundo a ordem da collocação.

§ unico. Essas mezas serão constituidas pela fórma prescripta nos artigos seguintes (lei n. 1269, art. 63º).

Art. 9º. Reunida a junta no dia, logar e hora designados no art. 7º, é permittido a cada grupo de 30 eleitores, ou mais da mesma secção eleitoral, apresentar nomes para mezarios da secção a que pertencerem.

§ 1º. Essa apresentação será feita por officio dirigido á junta e assignado por 30 eleitores, pelo menos, reconhecidas as firmas por tabellião publico e instruido com certidões que provem serem eleitores da respectiva secção, não podendo a apresentação recahir em cidadão que não seja eleitor no municipio, nem conter cada officio ma's de uma apresentação.

O tabellião que se recusar a reconhecer as firmas para o disposto neste artigo incorrerá em multa de 500$, além da responsabilidade criminal, podendo em caso de duvida, fazer o reconhecimento pelo confronto das firmas do officio com as do livro em que os eleitores assignarem por occasião do alistamento.

§ 2º. Nenhum eleitor poderá, sob pena de falsidade, assignar mais de um officio e, si o fizer, não será o seu nome contemplado em nenhum desses officios.

§ 3º. As apresentações feitas de accôrdo com as prescripções deste artigo não poderão ser recusadas (lei n. 1269, art. 64º).

Art. 10º. Si os officios de apresentação forem em numero superior ao de mezarios, serão preferidos para membros effectivos os cidadãos apresentados por maior numero de eleitores, e para supplentes os que se lhes seguirem.

§ unico. No caso de igualdade do numero de assignaturas da apresentação, decidirá a sorte entre effectivos e supplentes (lei n. 1269, art. 65º).

Art. 11º. A's 2 horas da tarde do mesmo dia 20 de Novembro, a junta procederá á apuração dos officios apresentados para cada secção do municipio. Em seguida elegerá os mezarios ou supplentes que faltarem, ou toda a meza, si nenhum officio tiver sido apresentado, votando cada membro da junta em dois nomes escolhidos dentre os eleitores da respectiva secção, conforme o alistamento feito, qualquer que seja o numero de mezarios ou supplentes a eleger.

§ 1º. No primeiro caso completarão as mezas, quer como membros effectivos, quer como supplentes, os cidadãos mais votados na ordem da collocação, decidindo a sorte se houver empate.

§ 2º. No caso de ser a eleição para toda a meza, considerar-se-ão membros effectivos os 1º, 3º, 5º, 7º, e 9º mais votados e supplentes os 2º, 4º, 6º, 8º e 10º, decidindo igualmente a sorte se houver empate (lei n. 1269, art. 66º).

Art. 12º. Lavrada a respectiva acta em livro creado pela junta, quando não fornecido pelas camaras municipaes, o presidente da junta mandará, sob pena de responsabilidade, publicar incontinenti, pela imprensa onde a houver, ou por edital affixado no logar competente, os nomes dos mezarios e supplentes escolhidos.

Desses nomes serão dadas, immediatamente, certidões aos cidadãos que as requererem, não podendo ser recusadas, sob pena tambem de responsabilidade.

§ 1º. Os officios que tiverem sido apresentados para a organisação das mezas, devidamente rubricados pelos membros da junta, serão archivados e delles remettidas copias ao poder verificador.

§ 2º. Da acta da reunião da junta e organisação das mezas serão extrahidas quatro copias: uma para ser publicada por edital, reproduzido na imprensa onde a houver, e as outras para serem remettidas, uma ao presidente da commissão de alistamento, para remetter as copias parciaes do alistamento aos presidentes das mezas das respectivas secções, outra ao presidente da junta apuradora e outra ao secretario do Congresso.

§ 3º. A nenhum cidadão será recusada certidão da acta da organisação das mezas, sob pena de responsabilidade criminal (lei n. 1269, art. 67º).

Art. 13º. Dentro de trez dias após a reunião da junta, o seu presidente, por officios ou cartas registradas pelo correio, communicará a cada um dos mezarios effectivos e supplentes a sua eleição e a designação do edificio em que tiver de funccionar a respectiva meza eleitoral (lei n. 1269, art. 68º).

Art. 14º. O 1º supplente do substituto do juiz seccional e, na sua falta ou impedimento, o seu immediato, mandará, com antecedencia de vinte dias, affixar edital, ou publical-o pela imprensa, onde a houver, convidando os eleitores a darem os seus votos, declarando o dia, logar e hora da eleição (lei n. 1269, art. 70º).

Art. 15º. Os livros necessarios para a eleição serão, com a devida antecedencia, fornecidos pelas camaras municipaes aos 1ᵒˢ supplentes do substituto do juiz seccional, que, no caso de demora, os requisitarão. Esses livros, abertos, numerados, rubricados e encerrados pelos mesmos supplentes, e na sua falta ou impedimento pelo seu immediato, serão enviados ás mezas eleitoraes, de modo que a entrega se faça a cada uma dellas, mediante recibo, na vespera do dia fixado para a eleição, sob pena de responsabilidade criminal, alem da multa de 500$000.

§ unico. Não recebendo as mezas os livros, procederão não obstante á eleição, servindo neste caso outros livros ou cadernos, rubricados por todos os mezarios (lei n. 1269, art. 71º).

Art. 16º. No dia anterior ao da eleição, reunidos, no edificio designado, ás 10 horas da manhã, os membros da meza eleitoral, elegerão dentre si, a pluralidade de votos, o seu presidente. Este, logo depois de eleito, designará o secretario, o encarregado da chamada dos eleitores, o de examinar os titulos respectivos e o de verificar a regularidade dos envolucros das cedulas, e declarará installada a meza, sendo lavrada a respectiva acta em livro especial, dos de que trata o artigo antecedente (lei n. 1269, art. 72º).

Art. 17º. Si na vespera da eleição, até ao meio dia, não comparecerem mezarios e supplentes em numero sufficiente para a installação da meza, ficará este acto adiado para o proprio dia da eleição, uma hora antes da marcada para o começo dos trabalhos.

§ unico. Si até ás 10 horas do dia da eleição não comparecerem cinco mezarios, effectivos, ou supplentes, não haverá eleição (lei n. 1269, art. 73º).

Art. 18º. A eleição começará as 10 horas da manhã pela chamada dos eleitores, na ordem em que estiverem seus nomes na copia do alistamento.

§ 1º. Na falta desta copia, os eleitores votarão, por ordem alphabetica, com a simples exhibição de seus titulos, devidamente legalisados.

Esses titulos, rubricados pelo presidente da meza e pelos fiscaes, serão archivados e restituidos aos eleitores depois de definitivamente julgada a eleição.

§ 2º. O recinto em que estiver a meza eleitoral será separado por um gradil, da sala em que se reunirem os eleitores, de modo, porém, que lhes seja possivel fiscalisar a eleição.

§ 3º. O eleitor não poderá ser admittido a votar sem prévia exhibição de seu titulo, bastando. que o exhiba para lhe não ser recusado o voto pela meza. Entretanto, si esta tiver razões fundadas para suspeitar da identidade do eleitor, tomará o seu voto em separado e reterá o titulo exhibido, enviando-o com a cedula á junta apuradora.

§ 4º. Antes de depositar na urna a sua cedula, assignará o eleitor o livro de presença, de maneira que a cada linha da folha corresponda um só nome, e esta será por elle tambem numerada em ordem successiva antes de lançar sua assignatura.

De igual modo assignará o eleitor uma lista, observando-se o disposto no art. 19º. Esta lista será enviada ao secretario do Congresso Legislativo com a copia da acta da eleição.

§ 5º. E' vedada a assignatura, por outrem, do nome do eleitor no livro de presença, sob qualquer pretexto, considerando-se como ausente aquelle que não puder fazel-o pessoalmente.

§ 6º. Na meza dos trabalhos estarão os livros de actas e de presença dos eleitores, bem como uma urna fechada á chave, a qual, antes da chamada, será aberta e mostrada pelo presidente ao eleitorado para que verifique estar vasia (lei n. 1269, art. 74º).

Art. 19. Encerrada a chamada, o presidente fará lavrar o termo de encerramento, em seguida á assigna-

.tura do ultimo eleitor, e nesse termo será declarado o numero de eleitores que tiverem comparecido e votado e dos que não o houverem feito. O termo de encerramento será datado e assignado pelos mezarios e fiscaes.

§ 1º. O eleitor que comparecer depois de terminada a chamada e antes de se começar a lavrar o termo de encerramento no livro de presença será admittido a votar.

§ 2º. Lavrado o termo de encerramento, far-se-á a apuração pelo modo seguinte : aberta a urna pelo presidente, contará este as cedulas recebidas e, depois de annunciar o numero dellas, as emmassará, recolhendo-as immediatamente á urna.

A proporção que o presidente proceder á leitura de cada cedula, deverá passal-a aos fiscaes e mezarios, para a verificação dos nomes por elle lidos em voz alta.

§ 3º. O voto será escripto em cedula, collocada em envolucro fechado e sem distinctivo algum, podendo ser impressa e devendo trazer a indicação da eleição de que se trata. Embora não se ache inteiramente fechada alguma cedula, será não obstante, apurada.

A cedula que não tiver rotulo será tambem apurada.

§ 4º. Serão apuradas em separado as cedulas que contiverem alterações por falta, augmento ou suppressão de sobrenome ou appelido do cidadão votado, de modo que não se possa verificar que se refere visivelmente a individuo determinado.

§ 5º. As cedulas apuradas em separado serão rubricadas pela meza e remettidas á junta apuradora.

§ 6º. Não serão apuradas as cedulas :

a) quando contiverem nome riscado e substituido por outro ou não ;

b) quando se encontrar mais de uma dentro de um mesmo envolucro, quer estejam escriptas em papeis separados, quer no proprio envolucro (lei n. 1269, art. 75º).

Art. 20º. Concluida a votação, e depois de lavrado o termo de encerramento no livro de presença, a meza dará aos candidatos e aos fiscaes boletim datado e assignado por ella, declarando o numero dos que deixaram de comparecer ; e terminada a apuração dos votos, immediatamente lhes entregará outro boletim, tambem datado e assignado, contendo a votação que cada um dos candidatos houver obtido.

§ 1º. Os candidatos e fiscaes passarão recibos de ambos os boletins, no acto da entrega de cada um delles, do que se fará menção na acta, bem como si se recusarem a passar os ditos recibos.

§ 2º. Terminada a apuração, o presidente proclamará, em voz alta, o resultado da eleição, procedendo á verificação, si alguma reclamação fôr apresentada por mezarios, eleitor, fiscal ou candidato, fará lavrar no livro proprio a acta da eleição, a qual será assignada pelos mezarios, fiscaes e candidatos.

§ 3º. A eleição começará e terminará no mesmo dia (lei n. 1269, art. 76º).

Art. 21º. Poderá ser fiscal o cidadão brazileiro que tenha as condições de elegibilidade, embora não esteja alistado eleitor, e, sendo eleitor, ainda que de outro municipio, o seu voto será apurado na secção em que estiver exercendo o encargo de fiscal, apresentando o seu titulo (lei n. 1269, art. 77º).

Art. 22º. A nomeação de fiscal será feita em officio dirigido a meza eleitoral, datado e assignado pelo candidato ou seu procurador, independente de reconhecimento de firmas, podendo o mesmo officio ser entregue em qualquer estado em que se achar o processo eleitoral.

§ 1º. O mesmo direito é conferido aos eleitores desde que formem um grupo de dez pelo menos.

§ 2º. A meza, em caso algum, poderá recusar os fiscaes (lei n. 1269, art. 78º).

Art. 23º. Os eleitores em cuja secção houver recusa de fiscal, ou que não se reunir a meza eleitoral, poderão votar na secção mais proxima, sendo seus votos tomados em separado e ficando-lhes retidos os titulos para serem remettidos á junta apuradora (lei n. 1269, art. 79º).

Art. 24º. Da acta da eleição constará:

a) o dia, logar e hora da eleição;

b) o numero dos eleitores que comparecerem e dos que faltarem;

c) o numero de cedulas recolhidas e apuradas;

d) os nomes dos cidadãos votados, com o numero em extenso, dos votos obtidos;

e) o numero das cedulas apuradas em separado com a declaração dos motivos, os nomes dos votados nas mesmas cedulas e dos eleitores que assim tiverem votado;

f) os nomes dos mezarios e fiscaes que se recusarem a assignar a acta e os dos que o fizerem;

g) todas as occurrencias que se derem no processo da eleição (lei n. 1269, art. 80º).

Art. 25º. Finda a eleição e lavrada a acta, será esta immediatamente transcripta em livro de notas de qualquer tabellião ou, na falta deste, de escrivão *ad-hoc*, nomeado e juramentado pela meza, os quaes darão certidão da mesma acta aos candidatos e fiscaes que a pedirem.

§ 1º. A transcripção da acta por escrivão *ad-hoc* será feita em livro especial, aberto, numerado, rubricado e encerrado pelo 1º supplente do substituto do juiz seccional, e por este remettido á meza eleitoral, juntamente com os livros de actas e de presença.

§ 2º. A distribuição dos tabelliães e escrivães incumbe á autoridade judiciaria que tiver presidido a commissão de alistamento, e será publicada por edital, reproduzido na imprensa, onde a houver, com antecedencia, pelo menos, de dez dias ao da eleição.

§ 3º. A transcripção da acta será assignada pelos membros da meza e pelos fiscaes que o quizerem (lei n. 1269, art. 81º).

Art. 26º. Qualquer eleitor da secção, fiscal ou candidato, poderá offerecer protestos escriptos quanto ao processo eleitoral, passando a meza recibo ao protestante. Os protestos, depois de rubricados por ella e de contra protestados ou não, constarão da acta e serão appensos em original á copia da mesma acta que fôr remettida á junta apuradora (lei n. 1269, art. 82º).

Art. 27º. Si a meza recusar o protesto, poderá este ser lavrado em livro de notas de tabellião, dentro em 24 horas após a eleição (lei n. 1269, art. 83º).

Art. 28º. A meza fará extrahir no mesmo dia, duas copias da acta da eleição, as quaes, depois de assignadas pelos mezarios e concertadas por tabellião ou por escrivão *ad-hoc*, serão enviadas sob registro postal, no praso de trez dias: uma ao secretario do Congresso e outra á junta apuradora (lei n. 1269, art. 84º).

Art. 29º. A meza eleitoral funccionará sob a direcção do presidente, a quem cumpre, de accordo com os mezarios, resolver as questões que se apresentarem, regular a policia no recinto da assembléa, prender os que commetterem crime, fazer lavrar o respectivo auto, remettendo immediatamente com o mesmo auto o delinquente á autoridade competente.

Não são permittidas discussões prolongadas entre os eleitores e entre os proprios mezarios (lei n. 1269, art. 85º).

Art. 30º. E' prohibida a presença de força publica

dentro do edifício em que se proceder á eleição (lei n. 1269, art. 86º).

Art. 31º. Não ha incompatibilidade para os membros da commissão de alistamento, junta organisadora das mezas, meza eleitoral ou junta apuradora, entre si (lei n. 1269, art. 87º).

Art. 32º. Não é nullidade a falta de assignatura de mezario ou fiscal na acta, desde que se declare, mesmo como nota—em tempo—o motivo porque deixou de fazel-o um ou outro (lei n. 1269, art. 88º).

Art. 33º. Os livros e mais papeis concernentes á eleição serão remettidos, dentro do praso de cinco dias, pelos presidentes ou secretarios das mezas eleitoraes, aos 1ºs supplentes do substituto do juiz seccional, que darão recibo da entrega e manterão sob sua guarda, á disposição do Congresso do Estado, até a conclusão da verificação de poderes dos eleitos; depois do que os enviarão aos presidentes das commissões de alistamento, que os farão archivar em cartorio até serem requisitados para nova eleição.

Art. 34º. A apuração geral da eleição de deputados ao Congresso Legislativo será feita por uma junta reunida na capital do Estado.

Art. 35º. A junta apuradora compor-se-á do substituto do juiz seccional, como presidente, só com o voto de qualidade e dos presidentes das camaras municipaes, ou dos seus substitutos legaes em exercicio.

Na falta do substituto do juiz seccional, a presidencia competirá ao presidente do governo municipal da capital (lei n. 1269, art. 91º).

Art. 36º. O presidente da junta convocará, por officio. com antecedencia de 10 dias, os respectivos membros, e na mesma occasião annunciará por edital, reproduzido na imprensa, onde a houver, o dia e hora em que deverão começar os trabalhos.

§ unico. Na falta ou impedimento do presidente e de seus substitutos, servirá o membro da junta por esta eleito (lei n. 1269, art. 92º).

Art. 37º. Caso não tenha sido feita a convocação, os cidadãos que em virtude da lei são chamados a fazer parte da junta deverão comparecer no logar designado no § 1º do artigo seguinte e dar começo aos trabalhos.

§ 1º. A junta só poderá funccionar com a presença pelo menos, de cinco de seus membros, além do presidente.

§ 2º. Não incorrem em multa nem em responsabilidade criminal os que, por causa justa, deixarem de comparecer (lei n. 1269, art. 93º).

Art. 38º. A apuração começará 30 dias depois da eleição.

§ 1º. A junta reunir-se-á no edificio do governo municipal da capital, ás 11 horas da manhã, e funccionará, diariamente, durante o tempo necessario para a conclusão de seus trabalhos.

§ 2º. Servirá como secretario da junta o escrivão do judicial da comarca da capital (lei n. 1269, art. 94º).

Art. 39º. As sessões da junta serão publicas, e é permittido aos candidatos ou aos seus procuradores fiscalisar o processo da apuração (lei n. 1269, art. 95º).

Art. 40º. A apuração se fará pelas authenticas recebidas, ou pelos boletins e certidões que forem apresentados por qualquer eleitor, desde que nenhuma duvida offerecerem (lei n. 1269, art. 96º).

Art. 41º. Considera-se copia authentica a que estiver devidamente conferida e concertada pelo escrivão que fizer a transcripção da acta, e boletim authentico o que tiver as firmas dos mezarios reconhecidas por notario publico (lei n. 1269, art. 97º).

Art. 42º. A junta limitar-se-á a sommar os votos obtidos pelos candidatos, não pedendo entrar na apreciação de nullidades da eleição ou da ineligibilidade dos cidadãos votados, devendo mencionar as duvidas que forem encontradas sobre a organisação de qualquer meza eleitoral, fazendo expressa menção dos votos obtidos pelos candidatos (lei n. 1269, art. 98º).

Art. 43º. No caso de duplicata, a junta observará as seguintes disposições:

I—Preferirá a authentica da eleição realisada no logar préviamente designado.

II—Si ambas as eleições forem feitas no mesmo local, preferirá a que tiver sido realisada perante a meza legalmente nomeada.

III—Faltando á junta, base para verificar as hypotheses previstas nos numeros anteriores, deixará de apurar as duplicatas, mencionando na acta a occurrencia, e as remetterá ao poder verificador (lei n. 1269, art. 99º).

Art. 44º. Serão apurados os votos dados ao candidato com o nome com que se houver apresentado, ou com o que fôr notoriamente conhecido (lei n. 1269, art. 100º).

Art. 45º. Dos trabalhos da junta lavrar-se-á, diariamente, uma acta correspondente, em que se mencionará, em resumo, o trabalho feito no dia, designando-se a votação apurada (lei n. 1269, art. 101º).

Art. 46º. Concluida a apuração, lavrar-se-á a acta geral, contendo todas as occurrencias e votação total, e nella se fará menção das representações, reclamações ou protestos que forem apresentados perante a junta, com a declaração dos motivos em que se fundarem. Em seguida serão publicados os nomes dos cidadãos votados, na ordem numerica dos votos recebidos.

§ 1º. Da acta geral extrahir-se-ão as copias necessarias, as quaes, depois de assignadas pela junta apuradora, serão remettidas: uma ao secretario do Congresso Legislativo do Estado e uma a cada um dos eleitos para lhes servir de diploma.

As copias, quando impressas, deverão ser concertadas pelos membros da junta e igualmente por elles assignadas.

§ 2º. Considera-se diploma a copia authentica da acta geral da apuração, assignada pela maioria dos membros da junta que tiverem funccionado.

No caso de duplicata de apuração, reputar-se-á simples contestação a que fôr assignada pela minoria da junta.

Curityba, 10 de Outubro de 1905.

BENTO JOSÉ LAMENHA LINS.

Decreto n. 371—de 11 de Outubro de 1905

O 1º Vice-Presidente do Estado do Paraná, usando da faculdade que se reservou o governo pelo art. 6º do dec. n. 29, de 25 de Setembro de 1901, e para execução do disposto no art. 1º da lei n. 612, de 6 de Abril do corrente anno, decreta:

Art. 1º. A Secretaria de Finanças, Commercio e Industrias, fará o resgate das apolices emittidas de accordo com a lei n. 243, de 23 de Novembro de 1897, utilisando-se para essa operação, do producto do emprestimo de que trata a lei n. 612, de 6 de Abril do corrente anno.

Art. 2º. O resgate far-se-á por embolso em moeda corrente, pelo valor nominal das apolices, com pagamento, na mesma especie, dos juros vencidos.

Art. 3º. Para os effeitos do presente decreto, os portadores das apolices a que se refere o art. 1º farão inscrevel-as na Secretaria de Finanças, Commercio e Industrias, até o dia 10 de Novembro proximo vindouro.

Art. 4º. Tanto para o resgate como para a inscripção, terminação do prazo e demais procedimentos necessarios aos fins de que trata o artigo antecedente, observar-se-á o disposto pelos arts. 4º, 5º, 6º e 8º do dec. n. 345, de 16 de Setembro proximo findo.

Art. 5º. Revogam-se as disposições em contrario.

Palacio da Presidencia do Estado do Paraná, em 11 de Outubro de 1905, 17º da Republica.

JOÃO CANDIDO FERREIRA.

JOAQUIM P. P. CHICHORRO JUNIOR.

Decreto n. 385—de 25 de Outubro de 1905

O 1º Vice-Presidente do Estado do Paraná, attendendo que o cidadão Osorio Falavinha habilitou-se em concurso para exercer o officio de escrivão do juizo districtal do districto do Colombo, termo desta capital, resolve provel-o vitaliciamente naquelle officio.

Expeça-se-lhe o competente titulo para os fins de direito.

Palacio da Presidencia do Estado do Paraná, em 25 de Outubro de 1905.

JOÃO CANDIDO FERREIRA.

BENTO JOSÉ LAMENHA LINS.

Decreto n. 387—de 30 de Outubro de 1905

O 1º Vice-Presidente do Estado do Paraná, resolve, de accordo com o § unico do art. 71º da lei n. 322, de 8 de Maio de 1899, reconduzir ao cargo de juiz municipal do termo de Campo Largo, comarca desta capital, o bacharel José Henrique de Santa Ritta.

Palacio da Presidencia do Estado do Paraná, em 30 de Outubro de 1905.

JOÃO CANDIDO FERREIRA.

BENTO JOSÉ LAMENHA LINS.

Decreto n. 391—de 4 de Novembro de 1905

O 1º Vice-Presidente do Estado do Paraná, tendo em vista o que requereu a professora da escola publica promiscua do povoado Batheas, municipio de Campo Largo, d. Rita Ferreira de Andrade e attendendo que conta quinze annos, oito mezes e vinte e um dias de exercicio effectivo no magisterio e que soffre molestia que a inhabilita para continuar nas funcções de seu cargo, segundo o parecer da junta medica que a inspeccionou de saude; resolve aposental-a com o ordenado annual de setecentos e noventa e seis mil setecentos e seis réis (796$706), de conformidade com o calculo feito na Secretaria de Finanças, tudo de accordo com a lei n. 244, de 29 de Novembro de 1897.

Expeça-se-lhe, pois, o competente titulo para os effeitos do art. 8º da lei acima referida.

Palacio da Presidencia do Estado do Paraná, em 4 de Novembro de 1905.

JOÃO CANDIDO FERREIRA.

BENTO JOSÉ LAMENHA LINS.

Decreto n. 397—de 15 de Novembro de 1905

O 1º Vice-Presidente do Estado do Paraná, resolve, usando da faculdade que lhe confere o art. 15º do acto addicional á Constituição Politica do Estado, perdoar ao réu José Antonio do Nascimento o resto da pena de 14 mezes de prisão simples á que foi condemnado pelo juiz de direito da comarca de Guarapuava, commemorando assim a passagem de 16º anniversario da proclamação da Republica.

Palacio da Presidencia do Estado do Paraná, em 15 de Novembro de 1905.

JOÃO CANDIDO FERREIRA.

BENTO JOSÉ LAMENHA LINS.

Decreto n. 398—de 15 de Novembro de 1905

O 1º Vice-Presidente do Estado do Paraná, concede, em homenagem á data de hoje e usando da faculdade que lhe é conferida pelo art. 15º do acto addicional á Constituição do Estado, indulto ás praças do Regimento de Segurança, sentenciadas e por sentenciar, pelos crimes de primeira e segunda deserção simples e aggravadas e ás que se apresentarem dentro do prazo de trez mezes.

Palacio da Presidencia do Estado do Paraná, em 15 de Novembro de 1905.

JOÃO CANDIDO FERREIRA.

BENTO JOSÉ LAMENHA LINS.

Decreto n. 401—de 24 de Novembro de 1905

O Presidente do Estado do Paraná, attendendo á representação do prefeito municipal de Morretes, resolve marcar o dia 20 de Dezembro proximo para realizar-se a eleição de juizes districtaes do districto daquelle nome, visto não terem acceitado taes cargos os eleitos para o quatriennio vigente.

Palacio da Presidencia do Estado do Paraná, em 24 de Novembro de 1905.

VICENTE MACHADO DA SILVA LIMA.

BENTO JOSÈ LAMENHA LINS.

Decreto n. 404—de 27 de Novembro de 1905

O Presidente do Estado do Paraná, attendendo que os artigos 35º, 42º, 43º e 145º do regulamento do Gymnasio Paranaense, que baixou com o dec. n. 355, de 28 de Setembro do corrente anno, não estão inteiramente de accôrdo com o Gymnasio Nacional, resolve modifical-os pelo modo seguinte:

Art. 35º. E' permittida a matricula no Gymnasio, como ouvintes, em qualquer epoca do anno, aos alumnos de preparatorios avulsos, que quizerem estudar uma ou mais materias livremente, sujeitando-se á disciplina daquelle estabelecimento e apresentando attestado de vaccinação ou revaccinação e certidão de haver pago a contribuição de que trata o art. 32º, salvo se o candidato estiver comprehendido nas isenções do art. 33º; não podendo, porem, prestar exame com os do curso e sim perante as bancas de preparatorios.

Art. 42º. Os meios disciplinares, sempre proporcionados á gravidade das faltas, serão os seguintes:

1º—Notas más nas listas das aulas;

2º—Reprehensão ou exclusão momentanea da aula;

3º—Privação de recreio com reclusão do alumno na sala privada e tarefa de copia de autos manuseados na aula;

4º—Privação de sahida do internato, quando o houver;

5º—Reprehensão em particular ou perante os alumnos reunidos do anno ou de todo o estabelecimento;

6º—Exclusão do Gymnasio por trez a oito dias com ponto duplo;

7º—Suspensão dos estudos por um a dois annos, ou eliminação do Gymnasio, nos casos de insubordinação, parede ou pratica de actos immoraes.

Art. 43º. As duas primeiras penas serão impostas pelos lentes; a 3ª e a 4ª pelo director e vice-director; a 5ª e a 6ª sómente pelo director e a 7ª pelo director, mediante inquerito e processo summario, com recurso, no prazo de oito dias, para o Ministro.

§ unico. Das cinco primeiras penas se fará especial menção no boletim bimensal de que trata o art. 103º n. 7; da 6ª se dará prévia communicação ao pae, encarregado ou tutor do alumno para providenciar no sentido de corrigil-o.

Art. 145º. As duvidas que por ventura se suscitarem á intelligencia ou execução deste regulamento serão resolvidas por decisão do secretario de Estado dos Negocios do Interior e submettidas ao governo da União, por intermedio do delegado fiscal.

Ficam, assim, pois, revogadas as disposições em contrario.

Palacio da Presidencia do Estado do Paraná, em 27 de Novembro de 1905.

VICENTE MACHADO DA SILVA LIMA.

BENTO JOSÉ LAMENHA LINS.

Decreto n. 406—de 1º de Dezembro de 1905

O Presidente do Estado do Paraná, usando da faculdade que lhe é commettida pelo § 11º, do art. 31º, do regulamento que baixou com o decreto n. 25, de 31 de Julho de 1901, decreta:

Art. unico. E' approvada a tabella de emolumentos devidos aos interpretes do commercio desta praça, organisada pela Junta Commercial do Estado, em sessão de 23 do corrente; revogadas as disposições em contrario.

Palacio da Presidencia do Estado do Paraná, em 1º de Dezembro de 1905.

VICENTE MACHADO DA SILVA LIMA.

JOAQUIM P. P. CHICHORRO JUNIOR.

TABELLA dos emolumentos devidos aos interpretes do commercio, a que se refere o decreto n. 406 desta data.

1—De cada lauda de traducção ou certidão (art. 10º, n. 1, do decreto n. 863, de 17 de Novembro de 1851) que não exceder de 25 linhas, ou regras, contendo cada uma dellas pelo menos 30 lettras, pagos pelos interessados no acto da entrega da traducção ou certidão . . . . . 5$000

2.—De cada linha, ou regra que accrescer com o mesmo numero de lettras (nota n. 1). . $100

3—Por exame para verificação de outras traducções, de cada exame, pagos no fim delles, para o que o interessado preparará o juizo (nota n. 2). 15$000

4—Por verbalmente verterem em lingua vernacula respostas ou depoimentos, de cada interrogatorio e pela inquirição de cada testemunha ou informante . . . . 6$000

5—Por examinarem a exactidão das traducções dos corretores de navios, sendo o exame judicial, cada exame . . . . 15$000

Sendo, porém, a averiguação extra-judicial, e por ordem do inspector da Alfandega, os emolumentos serão cobrados, afinal, si houver condemnação.

Nota n. 1.—Essa quantia é devida, ainda que a traducção ou certidão não preencha uma lauda. Si a traducção for ordenada em consequencia de procedimento official, estes emolumentos só serão cobrados, afinal, si houver condemnação.

Nota n. 2—Si o exame durar mais de um dia, o juiz, no fim delle, marcará aos intérpretes uma diaria que não será inferior a dez mil réis.

Secretaria de Finanças, Commercio e Industrias, em 1º de Dezembro de 1905.

JOAQUIM P. P. CHICHORRO JUNIOR.

Decreto n. 410—de 6 de Dezembro de 1905

O Presidente do Estado do Paraná, attendendo á representação do prefeito municipal da villa de Conchas, resolve marcar o dia 30 de Janeiro proximo vindouro, para proceder-se á eleição de juizes districtaes do districto daquelle nome.

Palacio da Presidencia do Estado do Paraná, em 6 de Dezembro de 1905.

VICENTE MACHADO DA SILVA LIMA.

BENTO JOSÉ LAMENHA LINS.

Decreto n. 412—de 6 de Dezembro de 1905

O Presidente do Estado do Paraná, attendendo que o cidadão João Firmino da Silva habilitou-se em concurso para exercer o officio de escrivão do juizo districtal do districto da colonia Mineira, termo de Thomazina, resolve provel-o vitaliciamente naquelle officio.

Expeça-se-lhe o competente titulo para os fins de direito.

Palacio da Presidencia do Estado do Paraná, em 6 de Dezembro de 1905.

VICENTE MACHADO DA SILVA LIMA.

BENTO JOSÉ LAMENHA LINS.

Decreto n. 417—de 19 de Dezembro de 1905.

O Presidente do Estado do Paraná, usando da attribuição conferida pelo art. 15º do acto addicional á Constituição Politica do Estado, resolve em homenagem á data de hoje, commutar a pena de nove annos e quatro mezes de prisão em que foi condemnado João Carrara pelo jury desta capital, aos 6 de Dezembro de 1902, para um terço da mesma pena, tomando na devida consideração as informações prestadas pelo Superior Tribunal de Justiça e dr. procurador geral do Estado.

Palacio da Presidencia do Estado do Paraná, em 19 de Dezembro de 1905.

VICENTE MACHADO DA SILVA LIMA

Bento José Lamenha Lins.

Decreto n. 418—de 30 de Novembro de 1905

O Presidente do Estado do Paraná, usando da attribuição que lhe confere a lettra—C—art. 2º das disposições transitorias da lei n. 611, de 6 de Abril do corrente anno, decreta:

Artigo unico. É creado o logar de escrivão da barreira do Itararé, com os vencimentos mensaes de 200$000; revogadas as disposições em contrario.

Palacio da Presidencia do Estado do Paraná, em 30 de Novembro de 1905.

VICENTE MACHADO DA SILVA LIMA.

Joaquim P. P. Chichorro Junior.

Decreto n. 428—de 30 de Novembro de 1905

O Presidente do Estado do Paraná, usando da autorisação que lhe confere o artigo 1º da lei n. 589, de 20 de Março ultimo, resolve nomear para exercerem os cargos de prefeitos dos municipios abaixo mencionados os seguintes cidadãos:

Municipio de Lapa—Coronel Furtado José de Almeida.

Municipio de Morretes—Coronel Bento Gonçalves Cordeiro.

Palacio da Presidencia do Estado do Paraná, em 30 de Novembro de 1905.

VICENTE MACHADO DA SILVA LIMA.

Bento José Lamenha Lins.

INDICE
1905

(¹) Figura, á pag. 16, com data de 18, quando é de 16.

(²) Figura, á pag. 20, com data de 10, quando é de 16.

(³) Figura, á pag. 23. com data de 18, quando é de 20.

CPSIA information can be obtained
at www.ICGtesting.com
Printed in the USA
BVHW090728081118
532427BV00011B/394/P